웰컴 투 레인보우

표지 설명

이 책이 오디오북이나 점자 도서로 만들어질 때에 독자들에게 표지 디자인을 전하고자 짧은 설명을 덧붙인다.

표지 일러스트는 윤예지 작가가 그렸고, 디자인은 김은영 디자이너가 맡았다. 앞표지 전체에 다양한 정체성의 인물들이 즐겁고 편안한 표정으로 배치되어 있다.

표지 상단에는 무지개가 떠 있고, 표지 군데군데에 은박을 입힌 별이 그려져 있다. 무지개 아래에는 검정 글씨로 '퀴어의 세계에 초대받은 부모들과 이웃을 위한 안내서'라고 적혀 있고, 그 아래에 좀더 큰 글씨로 '웰컴 투 레인보우'라고 적혀 있다. 무지개의 왼쪽에는 무지개색 갈기를 가진 갈색 유니콘이 있고, 오른쪽에는 콧수염과 턱수염이 있는 인물이 무지개색 스커트를 입고 부츠를 신은 채 개와 즐거운 표정으로 걷고 있다.

표지의 중앙에는 '성소수자부모모임 지음'이라는 글씨가 세로쓰기로 들어가 있고, 글씨 왼쪽에는 중절모를 쓴 노인이 무지개 깃발이 펄럭이는 전동차를 운전하고 있다.

표지 하단 중앙에는 여성으로 보이는 긴 머리의 두 사람이 손을 잡고 함께 무지개 깃발을 머리 위로 펼친 채 활짝 웃으며 걷고 있다. 왼쪽 사람은 보라색 머리카락에 짙은 갈색 피부이고 오른쪽 사람은 밝은 갈색 머리에 황색 피부이다. 둘 다 배꼽이 보이는 짧고 검은 웃옷에 청바지를 입었다.

표지 하단 오른쪽에는 젊은이 한 사람과 노인 두 사람이 팔베개를 하고 편안한 표정으로 누워 있다. 표지 하단 왼쪽에는 웃는 표정의 하트 다섯개가 그려져 있다. 하트는 빨강, 노랑, 파랑, 주황, 보라색이다. 표지 하단의 인물들 배경으로 무지개가 냇물처럼 흐른다.

퀴어의 세계에
초대받은
부모들과 이웃을 위한
안내서

웰컴 투 레인보우

성소수자부모모임 지음

한티재

자녀가 부모에게 커밍아웃하면, 부모에게는 완전히 새로운 세상이 열립니다. 이 새로운 세상은 때로는 눈물과 함께, 때로는 갈등과 함께, 가끔은 이루 말할 수 없는 괴로움과 함께 찾아옵니다. 그러기에 어떤 부모들은 이 세상을 거부하려 합니다. 내 아이가 하루아침에 아주 낯선 사람이 된 것처럼 느끼기도 하고, 아이가 아직 어려서 뭘 모르는 거라고 힘껏 부정해 보기도 하지요. 하지만 큰 충격과 부정 너머에는 긍정과 포용, 자긍심과 사랑의 세계가 있습니다.

성소수자부모모임은 지난 10년간, 충격과 부정으로 힘들어하는 성소수자의 가족들이 무지개의 아름다움을 함께 누릴 수 있도록 도왔습니다. "우리 착한 아들이 게이라니 믿을 수 없다"며 눈물을 흘리던 부모가 퀴어문화축제에서 "나는 성소수자인 내 아이가 자랑스럽습니다"라고 당당하게 외치게 되기까지, 성소수자부모모임이 늘 함께했습니다.

매월 열리는 정기모임과 상담을 통해 약 5백여 분의 성소수자 당사자와 가족들을 만나며, 성소수자부모모임은 커밍아웃을 잘 하고, 잘 받아들이는 법에 대한 노하우를 쌓았습니다. '성소수자'를 검색하면 나오는 너무나도 많은 정보 중 어떤 것이 정말 중요한 정보인지, 처음 커밍아웃을 받은 부모의 감정은 대체로 어떠한지, 당사자들은 왜 가족과 친구, 주변 사람들에게 커밍아웃을 마음먹게 되는지, 커밍아웃을 받은 사람과 당사자가 잘 소통하려면 서로 어떤 자세로 임해야 하는지….

아직도 우리 사회에서 커밍아웃은 하는 것도 받는 것도 어려운 일이기에, 여전히 커밍아웃을 계획하기 막막한 성소수자들과 커밍아웃을 받아들이기 어려워하는 분들을 자주 만나게 됩니다. 이 책에는 성소수자부모모임이 그간 모아 온 노하우를 모두 담았습니다. 가족이나 친구, 주변 사람들에게 커밍아웃을 계획하는 성소수자 당사자, 커밍아웃을 받고 무지개 세계에 발을 들여놓게 된 성소수자의 가족과 친구들, 성소수자에 대해 이해하고 더 좋은 동료가 되고자 하는 모든 분들에게 도움이 될 만한 내용으로 구성했습니다.

이 책을 읽으시는 모든 분들이 무지개 세계의 아름다움을 조금이나마 더 느낄 수 있기를 바랍니다. 언젠가 받을 커밍아웃에 대비해 만반의 준비를 하는 마음이 꼭 아니더라도, 성소수자와 그 가족들의 세계를 잠시 방문한다고 생각하고 저희 이야기를 들어 주세요. 성소수자에게 더 좋은 가족, 친구, 이웃이 되기 위해 이 책을 선택해 주신 마음에 무엇보다 감사드립니다.

이 책의 내용은 성소수자부모모임이 만들어지고 지금까지 활동할 수 있도록 함께해 주신 분들이 없었다면 이 세상에 나오지 못했을 이야기들입니다. 저희가 이런 이야기를 알고, 모으고, 많은 이들과 나눌 수 있도록 성소수자부모모임을 믿어 주신 성소수자와 그 가족들, 지지자들께 감사합니다. 또한 이 책은 이 책의 필요성에 공감해 주신 분들의 펀딩을 통해 만들어질 수 있었습니다. 이 책이 탄생할 수 있도록 물심양면으로 지원해 주신 분들께 감사드립니다. 저희의 이야기가 좀 더 아름답게 많은 분들께 전달될 수 있도록 애써 주신 디자이너와 일러스트레이터께도 감사드립니다. 무엇보다, 이 책은 성소수자부모모임보다 앞서서 성소수자 인권을 위해 공부하고 일하고 싸워 온 다양한 분야의 연구자와 활동가들, 당사자들이 없었다면 만들 수 없었을 것입니다. 어려운 길을 앞서 걸어 주신 분들께 감사드립니다.

혹시 지금 막 아이의 커밍아웃을 받으신 부모님들이라면, 놀라고 당황하셨을 마음을 누구보다도 잘 이해합니다. 서두르지 마시고, 찬찬히 이 책을 읽어 주세요. 마음이 내키신다면 언제라도 좋으니 성소수자부모모임에 연락 주세요.

그리고, 열린 마음을 가지고 이 책을 집어든 당신께 감사의 마음을 전합니다.

2023년 따뜻한 봄날에
성소수자부모모임

차례

1부 커밍아웃을 받았어요!

1장 제 아이가 성소수자래요. 성소수자가 뭔가요?

2장 왜 아이가 성소수자가 되었을까요?

3장 한국에 성소수자들이 얼마나 살고 있나요?

2부   앞으로 어떻게 해야 할까요?

3부   아이가 잘 살아갈 수 있을까요?

1장   성소수자들은 ○○하지 않나요?

2장   트랜스젠더는 어떻게 살아가나요?

4부 　내가 무엇을 더 할 수 있을까요?

1부

커밍아웃을
받았어요!

1장
제 아이가 성소수자래요.
성소수자가 뭔가요?

  우리는 살면서 전 교육과정을 통틀어 '성소수자'에 대해 배워 본 적이 없습니다. 그러다 보니 '성소수자'라는 단어 자체가 낯설게 느껴지고 어렵게 다가옵니다. 잘 모르니 오해하기 쉽고 사회의 편견을 쉽게 받아들이게 됩니다. 무슨 일이든 처음에는 배워 가며 하듯이, 성소수자인 내 아이를 이해하기 위해서는 먼저 '성소수자' 자체에 대해 알아볼 필요가 있습니다.

  1장에서는 '성소수자'라는 단어부터 시작하여 성소수자와 관련하여 가장 기본적인 개념인 성적지향과 성별정체성에 대해 소개합니다. 처음에는 낯선 개념에 어려움을 느낄 수도 있습니다. 하지만 시작이 반이라고 하죠? 개념을 알고 나면 성소수자를 이해하기 훨씬 쉬워질 것입니다.

성소수자 / 퀴어 / LGBTQ+

성소수자Sexual minority란 성적지향, 성별정체성 등이 사회적 소수자의 위치에 있는 사람들, 즉 동성애자, 양성애자, 트랜스젠더 등을 집단적으로 이르는 말입니다. 여기서 '소수'란 수적으로 소수이기도 하지만 사회의 주류 문화에서 벗어나 사회적으로 불평등한 위치에 놓여 있는 것을 뜻합니다.

흔히 성소수자의 반대말로 '이성애자'를 사용하지만 이는 틀린 표현입니다. '비성소수자'라는 표현이 옳습니다. 이성애자이면서 성소수자인 경우도 있기 때문입니다. 이는 다음에 소개할 성적지향과 성별정체성을 이해하고 나면 자연스럽게 이해할 수 있습니다.

성소수자는 '**퀴어**'Queer라고 호칭되기도 합니다. 퀴어는 원래 '기묘한', '괴상한'이라는 뜻을 가진 영어 단어로, 예전에는 성소수자를 부정적이고 경멸적으로 표현하기 위해 사용되었으나, 현재는 단어의 의미를 전복시켜 성소수자 정체성을 포괄하거나 성소수자 커뮤니티를 가리키는 긍정적인 말로 쓰이고 있습니다.

또한 레즈비언Lesbian, 게이Gay, 바이섹슈얼Bisexual, 트랜스젠더Transgender의 머리글자를 따서 'LGBT'로 통칭하기도 합니다. 최근에는 퀴어나 퀘스처닝Questioning(정체성을 탐구 중인 사람들)의 머리글자인 Q까지 포함하여 'LGBTQ'로 표기하기도 하며, 무성애자Asexual와 간성間性 Intersex 등의 더욱 다양한 정체성을 포괄하기 위해 'LGBTQ+' 또는 'LGBTAIQ+'로 표기하기도 합니다.

성적지향

성적지향Sexual orientation은 타인을 향하여 느끼는 감정적, 성적 끌림을 뜻합니다. 우리가 보통 '사랑을 느낀다'고 표현하는 것에 해당합니다. 자신의 성별과 끌림을 느끼는 상대방의 성별에 따라 정체성이 나뉘게 됩니다.

간혹 언론에서조차 '성적 취향'이라는 표현을 사용하곤 하는데, 이는 잘못된 표현입니다. '취향'이란 단어에는 '기호'나 '취미'라는 의미가 담겨 있어, 성적 취향이라고 하게 되면 누군가에게 사랑을 느끼고 끌림을 느끼는 것을 단순히 취미 정도로 취급하게 됩니다. 동성애나 양성애에 대한 편협한 시각에서 나온 단어로, 잘못된 표현이므로 쓰지 않는 것이 좋습니다.

여성이 남성에게 혹은 남성이 여성에게 끌림을 느낀다면 **이성애자**Heterosexual, 남성이 남성에게 끌림을 느낀다면 **게이**, 여성이 여성에게 끌림을 느낀다면 **레즈비언**이라고 합니다. 게이와 레즈비언처럼 동성, 즉 같은 성별의 상대에게 끌림을 느끼는 사람을 통틀어 **동성애자**Homosexual라고 합니다. 한편, 이성과 동성 모두에게 끌림을 느낄 수 있는 사람을 **양성애자** 바이섹슈얼, Bisexual라고 합니다.

대개 성적지향이라고 하면 감정적 끌림과 성적 끌림을 모두 포함하는 경우가 많지만, 때로는 감정적 끌림과 성적 끌림을 세분화하여 나타내기도 합니다. 누군가는 어떤 성별에게 감정적 끌림과 성적 끌림을 동시에 느끼지만, 다른 누군가는 감정적 끌림만을 느끼거나 성적 끌림만을 느끼기도 하며, 혹은 감정적 끌림과 성적 끌림을 둘 다 느끼지 않을 수도 있습니다.

감정적 끌림이란 예를 들어 '보고 싶다', '자꾸만 생각난다'처럼 정서적 교감의 영역에 속합니다. 감정적 끌림

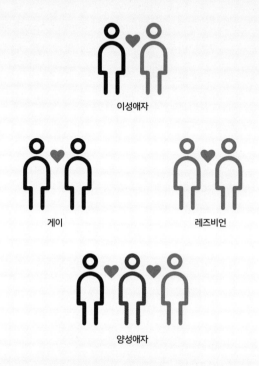

이성애자

게이   레즈비언

양성애자

누군가는 이성에게 끌림을 느끼는 반면, 누군가는 동성에게
끌림을 느끼기도 하고, 이성과 동성 모두에게 끌림을 느끼기도 합니다.

을 느끼는 경향성을 '로맨틱 지향'Romantic orientation이라고 합니다. 반면 성적 끌림이란 성관계 등의 성적 교감의 영역에 속합니다. 말 그대로 상대에게 성적으로 매력을 느끼는 것을 말합니다. 성적 끌림을 느끼지 않는 경우를 **무성애자** 에이섹슈얼, Asexual 라고 합니다.

감정적 끌림과 성적 끌림을 각각 어떤 성별에게 느끼는지, 혹은 어느 정도 수준으로만 느끼는지에 따라 성적 지향은 더욱 세분화됩니다.

한편, 누군가는 상대의 성별에 관계없이 끌림을 느끼기도 합니다. 이러한 사람들을 **범성애자** 판섹슈얼, Pansexual 라고 합니다. 얼핏 양성애자와 같아 보이지만 다소 다른 개념입니다. 이를 이해하기 위해서는 다음에 소개할 '성별정체성'에 대한 이해가 필요합니다.

성별정체성

'성별정체성'Gender identity*이란 지정성별**과 상관 없이 스스로 인지하는 성별을 말합니다. 지정성별과 성별정체성이 다를 경우 **트랜스젠더**라고 하며, 지정성별과 성별정체성이 같을 경우 **시스젠더**Cisgender라고 합니다. 예를 들어 당신이 태어났을 때 병원에서 '여성'으로 지정받았는데 자라면서 본인이 '남성'이라고 느낀다면 트랜스젠더인 것이고, '여성'이라고 느낀다면 시스젠더인 것입니다. 반대의 경우도 마찬가지입니다. 태어났을 때 '남성'으로 지정받았는데 자라면서 본인이 '여성'이라고 느낀다면 트랜스젠더이고, '남성'이라고 느낀다면 시스젠더입니다. 즉, 시스젠더는 트랜스젠더가 아님을 뜻합니다.

● Gender identity를 '성정체성' 혹은 '젠더정체성'으로 표기하기도 합니다. 하지만 게이, 레즈비언, 트랜스젠더 등 성적지향과 성별정체성에 의한 각각의 정체성을 포괄하는 용어로도 '성정체성'을 사용하기도 합니다. 이 책에서는 혼동을 막기 위해 Gender identity는 '성별정체성'으로, 각각의 정체성을 포괄하는 용어는 '성정체성'으로 통일하여 사용합니다.

●● '지정성별'이란 태어날 때 자신의 의지와는 무관하게 외부 생식기 등의 생물학적 특징을 기반으로 정해진 성별을 뜻합니다. 의사 등으로부터 '지정'받았다고 하여 지정성별이라 합니다.

지정성별이 여성이지만 성별정체성이 남성인 경우 'FTM' Female to Male 혹은 '트랜스남성'으로 표현하며, 지정성별이 남성이지만 성별정체성이 여성인 경우 'MTF' Male to Female 혹은 '트랜스여성'으로 표현합니다. 최근에는 FTM, MTF보다 **트랜스남성, 트랜스여성**이란 표현을 더 선호합니다. 헷갈리실 필요 없습니다. 만약 누군가가 본인을 트랜스'남성'이라고 표현하면 그 사람을 '남성'으로 인식하면 되고, 트랜스'여성'이라고 표현하면 '여성'으로 인식하면 됩니다.

한편, 많은 사람들이 성별을 여성 혹은 남성 딱 두 가지만으로 생각하지만 꼭 그렇지만은 않습니다. 누구나

간성 Intersex
××××××××××

성소수자 중에는 '간성'도 존재합니다. 간성은 성적지향이나 성별정체성과는 구분되는 생물학적 특징에 대한 개념입니다. 태어날 때부터 생식기, 성호르몬, 염색체 구조 등이 여성과 남성의 이분법적 구분에 들어맞지 않는 경우를 말합니다. 예를 들어 남성의 외부 생식기와 난소를 동시에 가지고 있는 경우 등이 포함됩니다. 해외에서는 간성인 사람의 성별을 남성 혹은 여성이 아닌 '제3의 성'으로 등록하는 경우도 있습니다.

'여성성'과 '남성성'을 동시에 지니듯이 성별 또한 마찬가지입니다. 누군가는 좀 더 여성에 가까울 수도, 좀 더 남성에 가까울 수도 있고, 그 중간 어디쯤일 수도 있습니다. 이처럼 성별정체성을 여성 혹은 남성과 같이 이분법적으로 정체화하지 않는 경우를 **논바이너리**Non-binary 혹은 **젠더퀴어**Gender queer라고 합니다.

// 성소수자에 대한 기본 개념

지정성별

태어날 때 외부 생식기 등의 생물학적 특징을 기반으로 지정받은 성별.
본인이 정체화하는 성별과 지정성별이 일치하지 않을 수 있다.

여성 남성 간성

성별정체성

자신의 성별에 대한 내적인 감각. 출생 시 지정받은 성별과
성별정체성은 서로 일치할 수도, 불일치할 수도 있다.

시스젠더
지정성별과 성별정체성이 일치하는 사람.

트랜스젠더
지정성별과 성별정체성이 일치하지 않는 사람.

성적지향

개개인이 어떠한 성별정체성의 상대방에게 감정적
또는 성적으로 끌리는지를 나타내는 말.

이성애자
이성에게 감정적, 성적 끌림을 느끼는 사람.

동성애자
동성에게 감정적, 성적 끌림을 느끼는 사람.

양성애자
감정적, 성적 끌림을 여성과 남성에게 느끼는 사람.

무성애자
타인에게 성적인 끌림을 느끼지 않는 사람.

범성애자
상대의 성별에 관계없이
감정적, 성적 끌림을 느끼는 사람.

이 그림은 성소수자 정체성에 대한 가장 기본적인 구분이며,
여기서 더욱 세분화됩니다.

이성애자이면서 성소수자일 수 있을까요?

××××××××××××××××××××××××

성적지향에 따른 정체성은 '자신의 성별'과 끌림을 느끼는 '상
대방의 성별'에 따라 나뉘게 되는데, 이때 각각의 성별은 (지정
성별이 아닌) 성별정체성에 따른 성별을 뜻합니다.

예를 들어 A라는 사람이 지정성별은 여성이지만 본인을 남성
으로 인지(즉, 성별정체성은 트랜스'남성')하면서 여성에게 끌림을
느낀다면, A는 트랜스젠더이면서 이성애자입니다. A의 성별
정체성은 남성이고 여성에게 끌림을 느끼기 때문입니다.

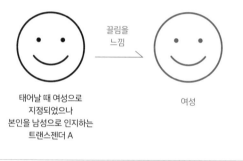

끌림을
느낌

태어날 때 여성으로
지정되었으나
본인을 남성으로 인지하는
트랜스젠더 A

여성

⇒ 트랜스젠더인 A의 성별정체성은 남성!

남성이 여성에게 끌림을 느끼는 것이므로
A의 성적지향에 따른 정체성은 이성애자이다.

이처럼 이성애자이면서 성소수자일 수도 있기 때문에, 앞서
말한 것처럼 '성소수자'의 반대말은 이성애자가 아닌 '비성소
수자'입니다.

젠더표현

젠더표현이란 개인이 자신의 성적 특징을 외모, 옷차림, 제스처, 습관 등을 통해 남들에게 드러내는 것을 말합니다. 사회에서 흔히 '여성적이다, 남성적이다, 중성적이다' 등으로 표현하는 것들입니다. 자유롭게 바꿀 수 없는 성적지향이나 성별정체성과는 달리, 젠더표현은 이느 정도 스스로 통제할 수 있기도 합니다.

사회에서는 전형적인 성별 규범에서 벗어나 본인의 지정성별과 젠더표현이 다를 경우 쉽게 손가락질당하고 괴롭힘의 대상이 되곤 합니다. '여자 같은 남자아이'들은 학교에서 게이냐고 놀림받기 쉽고, 숏컷에 '보이쉬'한 여성들은 레즈비언으로 오해당하기 십상입니다. 트랜스여성은 "여자라면서 목소리가 왜 그래? 옷을 왜 그렇게 입어? 네가 진짜 여자라면 더 꾸며야 하는 거 아냐?"라며 여성으로서의 꾸밈을 강요당하기도 합니다.

성소수자들이 본인의 지정성별에 맞는 '여성성'이나 '남성성'을 띠지 않는 경향이 큰 것은 맞습니다. 성소수자라는 존재 자체가 사회의 주류 문화, 즉 이분법적 성별 규범에서 벗어난 존재들이기 때문입니다. 하지만 **젠더표현이 개인의 성정체성과 항상 일치하는 것만은 아닙니다.** 비성소수자인 남성이라도 '여성적'인 젠더표현을 충분히 할 수 있고, 때로는 '중성적'으로 때로는 '남성적'으로 자신의 성적 특징을 드러낼 수 있습니다. 우리는 화장을 하고 머리가 긴 남성이나 털털하고 바지만 입는 여성을 이미 일상에서 흔하게 보고 있고, "여자/남자는 이래야 돼"라는 말이 얼마나 고리타분한 생각인지 알고 있습니다. 젠더표현 또한 자신을 표현하는 수많은 방식 중의 하나일 뿐입니다. 성소수자인지 아닌지를 떠나서 **젠더표현은 누구나 자유롭게 할 수 있어야 합니다.**

자신의 성정체성을 오른쪽 그림처럼 그래프로 표시해 볼 수 있습니다. 성별정체성, 젠더표현, 성적/감정적 끌림을 표시하는 그래프 길이는 사람마다 모두 다르게 나타납니다. 각각의 그래프들이 합쳐져 한 사람의 성정체성을 형성하며, 각 영역마다 유사한 그룹을 묶어 동성애자, 트랜스젠더 등 하나의 정체성으로 호명합니다. 하지만 같은 이름으로 호명되는 정체성이라 할지라도 그 정도가 완전히 동일할 수가 없습니다. 따라서 100명의 사람이 있다면 100개의 성정체성이 존재한다고 할 수 있습니다. **중요한 것은 사람마다 다른 정도의 차이를 존중하는 것입니다.**

내 성정체성을 그래프로 표시해 보세요 //

성별정체성

										여성
										남성
										그 밖의 성

젠더표현

										여성스러운
										남성스러운
										전형적인 성별표현이 아닌

태어났을 때 지정받은 성별

여성   남성   간성과 그 밖의 성

성적으로 끌리는 대상

										여성
										남성
										그 밖의 성

감정적으로 끌리는 대상

										여성
										남성
										그 밖의 성

대개 사람들은 어떠한 문제에 맞닥뜨렸을 때 그 문제의 원인을 찾곤 합니다. 그 문제를 '해결'할 수 있는 실마리를 찾고 싶기 때문입니다. 자녀가 성소수자라는 걸 처음 알게 된 부모들 역시 자녀가 성소수자가 된 원인에 대해 많은 질문을 던집니다. 누군가에게는 단순한 궁금증일 수도 있지만, 누군가는 실낱같은 희망을 품고 질문합니다. 원인을 알고 나면 내 아이가 다시 비성소수자가 되도록 도울 수 있지 않을까 하고요.

2장에서는 성소수자에 대해 흔히 생각해 보는 원인들에 대해 답변을 드리려 합니다. 미리 말씀드립니다.

품고 계시던 희망은 사라질 수도 있습니다. 하지만 너무 낙심하지 마세요. 진실을 알게 되면 희망에 가려졌던 '새로운 길'이 비로소 보이게 될 것입니다.

정신질환인가요?

정신질환이냐는 질문은 성정체성에 병적인 원인이 있다는 전제에서 출발합니다. 결론부터 얘기하자면, **아닙니다**. 예전에는 성소수자를 '정신적 장애'의 일부로 보기도 했지만, 1973년 미국 정신의학회는 동성애를 포함하여 양성애, 무성애 등을 '정신적 장애'로 보는 것이 오류였다는 결론을 내리고, '정신장애 진단 및 통계 편람' DSM-II 에서 동성애를 공식 삭제하면서 **성적지향이 정신 병리와 무관함**을 선언하였습니다. 마찬가지로 1990년 세계보건기구WHO에서도 동성애가 정신질환이 아님을 공표했으며, 한국을 포함하여 121개국의 나라를 회원국으로 두고 25만 명 이상의 정신과 의사가 모인 세계정신의학협회[*] 역

● https://www.wpanet.org

시 동성애는 질병이 아니라는 입장을 명확히 밝혔습니다.*

트랜스젠더의 경우에는 좀 더 최근에 변화가 있었습니다. 앞서 세계보건기구가 1990년 발간한 국제질병분류ICD-10에서는 트랜스젠더가 겪는 정신적인 고통을 이유로, 트랜스젠더 정체성에 '성주체성장애'Gender identity Disorder, '성전환증'Transsexualism이라는 진단명을 붙이고 이를 '정신 및 행동 장애'의 하나로 분류했습니다. 하지만 2018년 공개된 제11차 개정판 ICD-11에서는 이들 항목을 모두 삭제하고, '성별불일치'Gender incongruence 항목을 **정신장애가 아닌 '성적 건강 관련 상태'** Conditions related to sexual health라는 범주로 옮겼습니다. 성별불일치란 "개인이 인지하는 성별과 지정성별 간의 지속적인 불일치"를 뜻합니다.

정신의학회나 세계보건기구에서 이러한 변화를 보여 주는 이유는 성소수자 정체성을 질병으로 분류하는 것만으로도 성소수자에 대한 사회적 낙인과 편견을 강화할 수 있기 때문입니다.

* https://www.ncbi.nlm.nih.gov/pmc/articles/PMC5032493

주변 환경의 영향인가요?

주변 환경과 관련해서는 다양한 영역에 걸쳐 많은 질문들이 있습니다. '양육 방식이 잘못돼서', '한부모 가정이라', '주변 친구들을 잘못 사귀어서', '성소수자 관련 대중매체에 많이 노출되어서' 등. 때로는 아이를 잘못 키웠다며 부모가 자신의 탓을 하기도 하고, 때로는 아이의 주변인에게 탓을 돌리기도 하고, 때로는 아이의 경험을 문제 삼기도 합니다. 원인을 모르기 때문에 가족, 주변인, 문화, 그게 무엇이 됐든 책임을 떠맡을 대상이 필요한 것입니다. 심지어는 부모 스스로가 원인이라 생각하며 죄책감을 갖기도 하지요. 하지만 더 이상 그럴 필요는 없습니다. 성정체성과 주변 환경은 전혀 상관이 없으니까요.

성소수자는 모든 환경에서 나타납니다. 권위적인 어머니 밑에서 자란 경우가 있는가 하면, 아버지가 권위적인 경우도 있습니다. 형제가 많기도 하고 외동이기도 합니다. 매우 화목한 가정에서 성장한 경우도 있고, 불우한 가정환경을 가진 경우도 있습니다. 주변에 성소수자 친구가 한 명도 없을 수도 있고 많을 수도 있습니다. 이성애자가 나오는 드라마와 영화만 평생을 봤는데도 동성애자로 정체화하기도 합니다.

전 세계 80억 사람들의 성격이 모두 다르듯, 자라난 환경도 모두 다릅니다. 하지만 누군가는 비성소수자이고 누군가는 성소수자입니다. 주변 환경이 영향을 미친다는 명확한 근거를 가진 어떤 연구도 없습니다. 그러니까 우리는 누군가를, 어떤 환경을 탓할 필요가 없습니다. 그 누구의 잘못도 아니니까요.

바뀔 수 있는 건가요?

바뀔 수 있냐는 질문은 보통 세 가지 양상을 보입니다. 하나는 성정체성을 일시적인 현상으로 보는 것이고, 다른 하나는 성정체성을 스스로 선택할 수 있다고 보는 것이고, 마지막 하나는 성정체성을 질병의 일종으로 보아 치료가 가능한 영역이라고 생각하는 것입니다. 하나씩 차근차근 답변드리겠습니다.

첫 번째, 성정체성을 일시적인 현상으로 보는 경우는 주로 자녀가 청소년인 경우가 많습니다. '아직 어려서 잘 모르니까', '경험이 부족해서' 등의 생각이 드실 수 있어요. 하지만 **성정체성을 깨닫는 데에 나이는 중요하지 않습니다.** 동성애자나 양성애자가 자신의 성적지향을 깨닫는 평균 나이는 13세이며, 트랜스젠더가 자신의 성별정체성을 깨닫는 평균 나이는 그보다 더 빠른 만 4~6세 정도라고 합니다. 자신의 어린 시절을 떠올려 보면 이해하기 쉬울 거예요. 이성애자로서 이성과 성경험을 갖기 전인 사춘기 시절부터 이성교제를 하고, 누가 가르쳐 주지 않아도 아주 어렸을 때부터 내가 여성인지 남성인지 알 수 있었을 것입니다. 성소수자들도 똑같습니다. 아무리 나이가 어리고 경험이 없더라도 자신을 가장 잘 아는 사람은 바로 자기 자신입니다.

두 번째, 성정체성을 '선택'할 수 있는 영역으로 보는 경우입니다. 우리는 누군가에게 끌림을 느낄 때, 끌림을 느끼는 상대에게 그 끌림을 표현할지 말지, 행동을 선택할 수는 있겠지만 끌림을 느끼는 그 마음 자체를 선택할 수는 없습니다. 또한 내가 여성(혹은 남성)이라는 인식을 무의식적으로 자연스럽게 하지, 선택하지 않습니다. 성소수자들도 마찬가지입니다. 성소수자 역시 각각의 **성정체성을 선택한 것이 아니라 자연스럽게 느끼는 것입니다.** 앞서 성적지향과 성별정체성을 설명할 때 살펴본 바와 같이 성적지향과 성별정체성은 성소수자만의 개념이 아닙니다. 비성소수자들은 스스로 인식하지 않을 뿐 이성애자라는 성적지향과 시스젠더라는 성별정체성을 지니고 있습니다. 성소수자와 차이가 있다면 성소수자는 성적지향과 성별정체성을 구체적인 단어로 명명할 뿐입니다.

마지막 세 번째, 성정체성을 치료가 가능한 영역이라고 보는 것입니다. 앞서 얘기한 것처럼 성정체성은 정신 질환이 아니기 때문에 치료할 필요도 없고 치료할 수도 없습니다. 미국심리학회를 포함한 대다수의 주요 의학계와 심리학계에서는 **성정체성을 강제로 바꿀 수 없을 뿐더러,** 강제로 바꾸려는 시도를 하는 것만으로도 대상자의 우울, 불안, 자살 시도 등을 증가시켜 정신적, 신체적으로 심각한 위험을 초래할 수 있다고 경고하고 있습니다. 성정체성에 대한 '강제 전환 시도'는 치료가 아니며 '폭력'인 것입니다. 현재까지 성정체성이 근본적으로 바뀔 수 있다는 증거를 제시한 연구는 전혀 없습니다. 그러한 증거를 발견했다고 주장하는 연구들은, 성정체성이 바뀐 것이 아니라 단기적으로 행동 양식이 변화한 경우를 다루고 있을 뿐입니다.

원인이 있는 건가요?

성소수자가 되는 원인을 찾으려는 시도는 꽤 오래전인 1800년대까지 거슬러 올라갑니다. 예로부터 학자들은 원인을 찾기 위해 부단히도 노력해 왔습니다. 일란성, 이란성 쌍둥이들을 대상으로 성소수자일 확률을 추적하는 연구도 있었고, 성소수자의 유전자를 찾는 연구도 있었습니다. 교도소처럼 동성인 사람들하고만 생활할 수밖에 없는 환경에서의 경향성을 연구하기도 했습니다. 연구 결과, 누군가는 성정체성이 유전적 요인 때문이라고 하고 누군가는 환경적 요인 때문이라고 합니다. 어떤 연구 결과는 성정체성이 선천적으로 타고난 것이라고 하고, 어떤 연구결과는 성정체성이 후천적인 요인으로 발전한 것이라고 합니다. 몇 백 년이 지난 지금까지도 학계에서는 명백하게 통일된 결론을 내리지 못하고 있습니다. 그저 유전적, 생물학적, 정신적, 사회적 요인이 복합적으로 작용한 결과로 볼 뿐입니다.

하지만 성정체성만이 그런 것은 아닙니다. 인간의 성격, 습관, 행동 양식, 인성, 기질, 성향 등 모든 특징들이 그런 많은 요인들의 복합 작용에 의해 결정됩니다. 인간의 이러한 모든 특징들이 다 타고난 것일까요? 아니면

다 환경적 영향일까요? 아무도 모릅니다.

결국 최근 주류 학계에서는 단순 지적 호기심이 아닌 이상, 더 이상 성소수자가 되는 원인을 찾으려는 시도 자체를 하지 않고 있습니다. 원인이 중요하지 않고, 원인을 알게 되어도 바뀌는 것은 없기 때문입니다. 성정체성은 한 인간을 이루는 수많은 특징 중의 하나일 뿐이니까요. **중요한 것은 원인과 상관없이 성소수자를 있는 그대로 존중하는 것입니다.** 커밍아웃을 받은 후 자녀가 달라 보이시나요? 자녀는 달라지지 않았습니다. 내가 누군가의 성정체성을 알기 전이든 후이든, 그가 성소수자이든 비성소수자이든, 그는 예전에 내가 알던 사람과 같은 사람입니다. 달라 보인다면 그것은 그를 바라보는 내 시각이 바뀌었기 때문입니다. 이제는 우리의 시각을 바꿀 때입니다.

3장
한국에 성소수자들이
얼마나 살고 있나요?

많은 분들이 그동안 살아오면서 성소수자를 직접 만나 본 적이 없다고 말합니다. 그나마 들어본 것은 방송을 통해 접한 홍석천, 하리수 정도뿐이지요. 그래서인지 성소수자라는 내 아이가 유별난 것같이 여겨지기도 하고, 왜 많고 많은 사람들 중에 나에게만 이런 일이 벌어졌는지 싶기도 합니다.

3장에서는 성소수자의 인구 비율부터 시작하여 왜 지금까지 살면서 성소수자를 별로 본 적이 없는지, 성소수자들이 자신의 성정체성을 밝히는 이유는 무엇인지에 대해 다룹니다. 이를 알고 나면 성소수자인 자녀가 조금은 덜 별나게 보일 수도 있습니다.

성소수자가 얼마나 되나요?

　아쉽게도 한국에는 성소수자의 인구를 추정하는 국가 수준의 통계가 아직 없습니다. 하지만 해외 여러 나라들에서는 성소수자 인구를 조사하고 있습니다. 2020년 미국 갤럽 조사(로이터통신)에 의하면, 미국 인구의 5.6%가 스스로 성소수자라고 밝힌다고 합니다.* 다른 나라의 조사 결과도 적게는 3.5%부터 많게는 5%까지로 어느 나라, 어느 문화권이나 비슷한 수준의 결과를 보입니다. 해외의 성소수자 인구 통계 결과를 보며 미루어 짐작했을 때 한국의 성소수자 인구는 약 200만 명 정도(한국 전체 인구수의 약 4%)로 추산할 수 있습니다.

　4%라면 적은 수라고 생각할 수도 있습니다. 그러나 우리나라 초·중·고등학교의 각 학급의 학생 수가 25명이라고 가정한다면, **각 교실마다 적어도 한 명 이상씩은 성소**

- https://williamsinstitute.law.ucla.edu/visualization/lgbt-stats/?topic=LGBT#density

수자가 있다는 뜻입니다. 200만 명이라는 수치는 한국의 공무원 수인 110만 명과 현역 군인 60만 명을 합친 것보다 많은 수치이기도 합니다.

왜 그동안 주변에서 성소수자를 볼 수 없었을까요?

성소수자의 인구수가 결코 적지 않다는 걸 알고 나면 자연스레 생기는 의문입니다. 왜 그럴까요? 성소수자들이 자신의 성정체성을 타인에게 알리는 것을 '커밍아웃'이라고 하는데요, 성소수자 중에 **커밍아웃을 하지 않고 살아가는 이들의 비율이 82%**나 된다고 합니다. 아이가 내게 커밍아웃하기 전에는 아이가 성소수자라는 사실을 몰랐듯이, 내 주변 사람들이 내게 커밍아웃을 하지 않은 이상 우리는 그 사람이 성소수자인지 비성소수자인지 모르는 것입니다. 우리가 그동안 주변에 성소수자가 '없었다'고 여겨 왔던 생각은 사실 착각이었던 셈이죠. 우리가 몰랐을 뿐, 성소수자들은 일상 속에서 언제나 우리와 함께 살고 있었습니다.

그렇다면 왜 그 많은 성소수자들이 커밍아웃을 하지 않고 살아갈까요? 그건 바로 두려움 때문입니다. 내가 커밍아웃했을 때 상대방의 부정적인 반응이 두려운 것입니다. 두려움의 감정은 단순히 추측에 의한 것이 아니라, 주변에서 듣고 때로는 직접 경험한 수많은 실례들에 입각한 감정입니다. 때문에 많은 성소수자들이 어린 시절 자신의 성정체성을 인지한 후, 적게는 수년부터 많게는 수십 년까지 가까운 지인 몇몇에게만 커밍아웃하거나 아니면 오롯이 홀로 비밀을 간직한 채 살아가기도 합니다.

그렇다면 반대로 왜 굳이 자신의 성정체성을 주변에, 그리고 부모에게 말하는 건지 궁금할 수도 있습니다. 성소수자들이 커밍아웃을 하는 데에는 여러 가지 이유가 있을 수 있습니다. 다른 사람들은 일상처럼 이야기하는 연애나 애인에 대한 이야기를 마음 편히 할 수 없는 답답함 때문일 수도 있고, 이 세상에 나 같은 사람이 나 혼자밖에 없는 것 같다는 고립감 때문일 수도 있고, 자신이 사랑하고 신뢰하는 이들에게 자신의 진짜 모습을 보여 주고 싶기 때문일 수도 있습니다. 한번 생각해 보시기 바랍니다. 아주 가까운 가족에게조차 '진짜' 자신의 모습을 감춘 채 살아갈 때의 답답함을. 그것도 어린 시절부터 수년에서 수십 년 동안 말입니다. 엄청난 고립감과 우울감을 느낄 것입니다.

여기서 중요한 것은 성소수자가 누군가에게 커밍아웃을 했다는 것은 큰 용기를 낸 것이고, **상대를 그만큼 사랑하고 신뢰한다는 표현**이기도 하다는 것입니다. 우리의 자녀들은 긴 인고의 시간 끝에 용기와 신뢰를 갖고 우리에게 커밍아웃을 했습니다. 이제는 우리가 그에 걸맞는 사랑과 신뢰를 보여 주어야 합니다.

2부

앞으로
어떻게 해야
할까요?

1장
다른 부모들은
어떻게 했나요?

커밍아웃을 받은 부모들은 다양하게 반응합니다. 어떤 이들은 사랑하는 자녀의 안전을 걱정하며 두려움을 느끼고, 어떤 이들은 이런 일이 일어난 것에 대한 슬픔, 자녀가 이야기하기 전에 그 사실을 알아차리지 못했던 것에 대한 죄책감, 자녀가 좀 더 일찍 말해 주지 않은 것에 대한 서운함을 경험하기도 합니다. 반면 어떤 이들은 자녀가 부모에게 마음을 열었다는 것에 행복해 하거나, 무엇 때문에 자녀가 힘들어 했는지 알았다는 것에 안심을 느끼거나, 자녀가 이제 자신이 진정 누구인지 깨달았다는 것에 기쁨을 느끼기도 합니다. 커밍아웃에 나도 모르게 충동적으로 일어나는 첫 반응을 통제하기는 어렵습니다. 부모뿐 아니라 커밍아웃을 받은 누구라도 비슷합니다. 중요한 것은 그 이후에 이어지는 행동들입니다.

많은 이들이 이런 과정에서 비슷한 일들과 감정을 경험합니다. 커밍아웃을 받은 부모로서의 고민을 이야기하는 것, 성소수자인 자녀와 대화하는 것, 성소수자에 대해 배워 가는 것, 지금 겪고 있는 일들을 가족, 친구들과 나누는 것, 이러한 모든 일이 어렵게 느껴집니다. 시간이 걸릴 거예요. 처음엔 괜찮지 않아도 괜찮습니다. 시간을 가지고 스스로가 어떤 감정을 느끼고 있는지 생각해 보세요. 조금만 더 노력한다면, 힘든 시기를 벗어나 자녀와 이전 어느 때보다도 더 서로를 이해하는 친밀한 관계가 될 수도 있습니다.

이 장에서는 자녀의 커밍아웃을 받은 부모의 일반적인 반응들을 소개하고, 그 과정에서 부모의 반응이 중요한 이유에 대해 말씀드리려 합니다. 모두가 똑같을 수는 없습니다. 하지만 먼저 시행착오를 겪은 이들의 경험담에서 지혜를 얻고, 거기에서부터 차근차근 시작할 수 있습니다.

자녀의 커밍아웃을 받은 부모가 겪는 감정 6단계

　미국 필라델피아의 성소수자 가족들의 모임 '피플래그 필라델피아' PFLAG Philadelphia에서는 성소수자 자녀를 둔 여러 부모들의 경험을 분석하여 자녀가 성소수자임을 알게 된 다수의 부모들이 공통적으로 겪는 감정 변화의 과정을 ① 충격 ② 부정 ③ 죄책감 ④ 감정 표출 ⑤ 결단 ⑥ 참된 용인의 6단계로 정리했습니다.[*]

　누군가는 단계를 건너뛰기도 하고, 단계의 순서가 바뀌기도 하고, 각 단계를 동시에 경험하기도 합니다. 각 단계를 지나는 시간도 사람에 따라 천차만별입니다. 누군가는 한 단계를 몇 시간 만에 지나치기도 하고 누군가는 한 단계에만 몇 년씩 머물러 있기도 합니다. 중요한 것은 자신이 어떤 단계에 위치해 있는지 파악해보고 자신의 상태를 객관적인 시선으로 바라보는 것입니다.

- ① shock ② denial ③ guilt ④ feelings expressed ⑤ making decisions ⑥ true acceptance.
  Tom Sauerman & PFLAG Philadelphia(1995).
  http://www.qrd.org/qrd/youth/read.this.before.
  coming.out.to.your.parents (번역·수정: 행동하는성소수자인권연대, 성소수자부모모임)

✹ 1단계 | 충격 - "왜 나에게 이런 일이..."

자녀가 성소수자라는 사실을 몰랐던 대부분의 부모들은 큰 충격을 받습니다. 세상이 무너진 것 같은 기분이 듭니다. 자녀가 낯설게 느껴지고, 자녀에 대한 모든 것을 알고 있다고 믿

> "아이가 어제 저한테 자기는 성소수자라고 고백했습니다. 정말 생각도 못 했던 말이고, 저는 이제 앞으로 어떻게 살아야 할지 모르겠어요. 죽을 것 같습니다."

었던 확신이 깨지기도 합니다. 동성애자가 무엇인지, 트랜스젠더가 무엇인지도 모르고, 주변에 이런 일을 먼저 겪어본 사람도 알지 못한다면 충격이 더 클 수 있습니다. '충격' 단계는 10분이 걸릴 수도 있고 1주일이 지나도록 지속될지도 모릅니다. 하지만 대개 며칠 안에 사라집니다.

몇몇 부모들은 **자녀가 성소수자인 걸 눈치채고 있기도 합니다.** 드물지만 어떤 부모들은 큰 충격을 받지 않습니다. "난 네가 다르다는 걸 알고 있었다. 이런 일이 일어날 수도 있을 거라고 생각했어. 엄마는 괜찮아. 난 여전히 널 사랑한단다." 의심은 하고 있었지만 본인이 직접 말할 때까지 기다리고 있었거나, 혹은 '청소년기의 일시적인 혼란' 정도로 생각한 부모도 있을 것입니다. "사실은 작년에 네 일기장을 우연히 봤을 때부터 의심은 하고 있었단

다." 이런 경우에는 이미 스스로 몇 단계를 거쳐 왔기 때문에 다른 부모보다 빨리 다음 단계로 진행할 수도 있습니다.

또, 어떤 부모들은 **오히려 안 도하기도 합니다.** 자녀가 오랫동안 학교생활이나 대인 관계에서 어려움을 겪었던 경우, 도무지 알 수 없었던 문제의 원인을 찾고 이제야 제대로 된 대응을 할 수 있게 되었기 때문에 느끼는 안도감입니다. 원인을 몰라서 오래도록 자녀의 괴로움을 지켜볼 수밖에 없었기에, 고민의 초점은 성소수자인지 여부가 아니라 자녀의 회복에 있습니다. 그렇기 때문에 다른 부모에 비해 상대적으로 빨리 자녀를 받아들이는 경향이 있습니다.

"아무래도 아이가 성소수자인 것 같습니다. 아이에게 상처를 주고 싶지는 않은데, 이걸 내가 먼저 말해도 괜찮을지, 아니면 커밍아웃할 때까지 그저 기다려 주어야 할지 잘 모르겠어요. 답답합니다."

✱ 2단계 | 부정 – "아니야, 그럴 리 없어."

사람은 위협적이거나 고통스러운 소식을 들었을 때 스스로를 방어하기 위해 본능적으로 그 사실을 거부하려고 합니다. 어떤 근거가 있어서 부정하는 것이 아니라,

부정하기 위한 근거들을 찾아내려고 노력합니다.

부정하는 반응은 여러 가지 형태로 나타납니다. **적대감**("우리 집에 성소수자는 없어!")을 갖거나 **못 들은 척**할 수도 있고("잘됐구나. 얘야, 저녁엔 뭘 먹고 싶니?"), 대화를 **회피**할 수도 있습니다("네가 그렇게 살 거라면, 그런 얘기는 듣고 싶지 않구나"). 또는 **거부**하는 태도를 나타낼 수도 있습니다("그냥 일시적인 현상일 뿐이야. 극복하게 될 거다").

부정을 표현하는 방식은 조용한 자기최면부터 히스테릭한 소리 지르기까지 다양할 수 있습니다. 많은 부모들이 보이는 가장 흔한 반응은 우는 것입니다.

자녀의 '치료'를 원하는 부모도 있습니다. 성소수자가 '정상'이 아니라고 생각하는 경우도 많습니다. 이제까지 성소수자에 대해 전혀 모르고 살아왔기 때문에, 아이만 '치료'하면 모든 문제가 해결될 것이라고 생각합니다.

부모 중 한쪽이 다른 쪽보다 받아들이는 속도가 더 느릴 수 있습니다. 느린 쪽이 잘못된 것은 아닙니다. 하지만 이

> "아버지는 '네가 스물다섯 살이 되어서도 계속 게이라고 생각한다면 그때는 인정해 주겠다'고 하셨어요. 엄마는 커밍아웃한 뒤 4일 동안 아무 말씀이 없으셨어요. 그러다가 5일째 되는 날 학교에서 야자를 하고 있는데, 문자가 왔어요. 엄마가 '네가 여자를 안 사귀어 봐서 모르는 거다' 하고 문자를 보내셨더라고요.

런 일이 생겼을 때, 부부 관계에 문제가 생길 수 있습니다. 자녀의 성정체성을 더 빠르게 받아들이는 쪽은 다른쪽이 문제를 해결할 생각이 없다고 느낄 수 있고, 느리게 나아가는 쪽은 다른 쪽이 너무 쉽게 그 상황을 받아들인다고 생각할 수 있습니다. 부부가 서로 다른 속도로 자녀의 커밍아웃을 받아들인다면, 부부 관계에서 역시 긴장을 경험하게 됩니다.

✿ 3단계 | 죄책감 - "나 때문에 이렇게 된 거야."

성소수자 이슈를 처음 대면하게 된 대부분의 사람들은 그것을 해결해야 할 '문제'로 인식하고 이렇게 묻습니다. "왜 아이가 성소수자가 되었을까요?" 그리고 원인을 밝혀낼 수 있으면 치료도 가능하다고 생각합니다. 부모들은 원인을 궁금해 하면서 대부분 자신들에게 잘못이 있다고 느낍니다. "내가 무엇을 잘못했던 것일까?" 유전적인 원인이든 환경적인 원인이든, 명백히 부모 자신에게 책임이 있다고 생각합니다. 부끄럽게 느끼거나 우울감에 빠져 괴로워하며 누구와도 고민을 나눌 수 없다고 생각합니다.

보통 부모 두 사람 모두가 죄책감을 느끼지만, 자녀와 같은 성별인 부모가 대체로 더 많은 죄책감을 느낍니다. 이 단계에서 부모들은 자신의 **괴로움에만 빠져 막상 자녀에게 귀 기울이지 못하는 경우가 많습니다.** 자녀가 커밍아웃에 이르기까지 겪어 온 일에 관심을 갖지 못하기도 합니다. 부모라는 자존심 때문에 스스로의 죄책감을 자녀에게 드러낼 수 없을지도 모릅니다.

"죄책감 때문에 잠을 못 자요. 애가 게이인 걸 알고 나서부터 작년 초까지가 제 인생에 가장 힘든 시기였어요. 그렇게 힘든 적이 없었어요. 잠을 거의 못 자고 이삼 일에 한 번씩 울고. 밤에 자다가 깨면 '나 때문에 애가 힘들게 살겠구나', '내가 키우면서 이러저러했던 것들이 잘못이었나' 그런 생각을 했어요. 정말 별 생각이 다 들었어요."

한부모 가정의 부모들은 더 많이 자책하기도 합니다. 일찍이 배우자를 잃었거나 별거, 이혼을 했다는 것 때문에 자녀에게 이런 일이 일어났다고 생각하는 경우도 드물지 않습니다. "내가 널 망쳤어. 내가 엄마와 아빠 역할을 모두 제대로 할 수는 없었어."

✱ 4단계 | 감정 표출

- "네가 어떻게 우리한테 이럴 수 있니?"

죄책감과 자책이 헛된 일이란 것이 분명해지면 많은 부모들은 자녀에게 질문을 쏟아붓기도 하고, 자신의 불편한 감정을 그대로 드러냅니다. 온갖 종류의 감정들이 쏟아져 나옵니다.

"손자를 볼 수 없다니 정말 실망스럽구나." "다른 가족들한테는 말하지 않는 게 좋겠다. 난 아직 다른 사람들과 네 이야기를 할 마음의 준비가 안 돼 있어." "너무 외롭고 고통스럽다. 네가 성소수자라는 걸 모르는 게 나았을 것 같아." "네가 어떻게 우리한테 이럴 수 있니?" "차라리 내가 죽었으면 좋겠다."

"딸과 같이 살고 있는 친구가 알고 보니 애인이었어요. 평소 그 아이와도 딸처럼 지내고 내게도 싹싹하게 잘했는데, 친구가 아니라 애인 관계였을 줄은 몰랐습니다. 셋이 같이 식사를 하다 내가 잠시 자리를 비웠는데, 그 사이에 둘이 스킨십을 하고 있더라고요. 정말 놀랐고 아이에게 큰 배신감이 듭니다. 이제 제 딸을 어떻게 대해야 할지, 이를 어떻게 받아들여야 할지 잘 모르겠습니다."

감정의 상처가 아물어 가면 사람들은 대개 점점 더 합리적으로 대처하려 노력합니다. 이 시점에 부모들은 보통 잠시 뒤로 물러나 그들 앞에 놓인 선택지를 깊이 생각해 봅니다. 사람들은 자신이 놓인 상황에 따라 다른 선택을 합니다.

부모 양쪽이 같은 입장을 선택하지 않을지도 모릅니다. 부모로서 어떤 길을 갈 것인지 결단을 내리는 데에는 많은 요인들이 영향을 미칩니다. 성소수자에 대한 책이나 정보를 얼마나 찾아봤는지, 다른 성소수자의 부모들과 만나 대화해 봤는지, 어떤 종교를 갖고 있는지, 평소의 정치적 입장이 어떠한지 등에 따라서도 달라질 수 있습니다.

지지

대부분의 부모들은 자녀의 성적지향과 성별정체성이 현실임을 받아들이고 지지하며, 자녀를 전과 다름없이 사랑합니다. 커밍아웃 덕분에 부모와 자녀의 관계가 더 솔직해지고 신뢰가 두터워졌기에, 많은 부모들은 자녀와의 관계가 오히려 더 좋아졌다고 말합니다. 다른 가족들도 서로의 정체성을 알게 된 것이 가족 관계에 더 좋다고 느끼며 성소수자를 지지하는 입장을 갖게 됩니다. 지지자가 된 부모들은 자녀에게 필요한 것이 무엇인지 알기 위해 노력하게 되며, 점점 더 잘 알게 됩니다.

여기까지만, 이제 그만

어떤 부모들은 자녀의 성소수자 정체성에 대해 토론이 필요하지 않다고 못 박습니다. 그 문제를 직면하고 해결하기에는 아직 마음이 약하고 준비가 안 되어 있는 것입니다. 그들은 더 이상 나아가는 것을 원하지 않습니다. 이를 꼭 부정적인 태도라고 볼 수는 없습니다. 스스로의 한계를 알고 있고 그 한계를 넘고 싶지 않은 것입니다. 이때 자녀들은 부모들이 멈추려는 입장을 존중하고 기다리기도 하지만, 부모에게 다가가려는 노력을 꾸준히 할 수도 있습니다.

끊임없는 불화

자녀를 완전히 받아들이지 못한 부모들 중에는 자녀의 모든 행동에서 성소수자의 '징후'를 찾아내는 경우도 있습니다. 귀가 시간, 말투, 친구 선택, 학교 성적, 직업 선택 등 자녀의 모든 말과 행동과 관련해서 자녀와 갈등을 겪습니다. 이런 상황이 지속되면 부모와 자녀 모두 앞으로 나아갈 수 없게 됩니다. 일반적으로 한쪽 부모가 이런 태도를 취하면 다른 한쪽도 다른 태도를 선택하기 어렵습니다. 자녀와 갈등이나 문제가 생겼을 때 부모들은 서로 완전히 동의하지 않더라도 대개 겉으로는 같은 입장에 서기 때문입니다.

퇴보

부모들이 한두 걸음 뒷걸음질하거나 이미 지나갔다고 생각하는 단계를 다시 반복하는 경우는 아주 흔합니다. 이런 일이 벌어지면 자녀는 실망할 수 있겠지만 사실 보통의 부모들이 그렇습니다. 하지만 '퇴보'는 중요합니다. 갈등이 해결되거나 사람의 태도가 바뀌는 과정은 1보 후퇴와 2보 전진으로 이루어지는 경우가 많기 때문입니다.

�֎ 6단계 | 참된 용인

모든 부모들이 여기까지 도달하는 것은 아닙니다. 이 단계에 도달한 부모들은 자녀의 성정체성을 받아들이는 것을 넘어서서 '다름'을 축하해 줄 수도 있게 됩니다. 나아가 성적지향과 성별정체성을 인간 성性의 정당한 표현이라고 봅니다. 자녀를 변화시키고 싶은지 물어보면 부모들은 이렇게 답합니다. "오히려 나는 성소수자를 혐오하는 우리 사회를 변화시켜서 내 아이가 냉대와 두려움 없이 살아갈 수 있었으면 좋겠습니다."

이 단계에서 부모들은 성소수자를 혐오하는 사회의 기성세대로서 자신들의 죄책감을 인정합니다. 성소수자들을 비웃고 농담거리로 삼았던 일을 반성하고, 자신도 모르게 자녀에게 주었던 상처들을 깨닫기 시작합니다. 이렇게 자기 자신을 돌아보면서 성소수자들에 대한 혐오와 차별을 새로운 관점으로 보게 됩니다.

그리고 혐오와 차별에 맞서기 시작합니다. 타인을 교육하는 방법 중 하나로써 친구들에게 관련된 문제들에 대해 이야기합니다. 자녀의 성소수자 친구들을 지지하고, 다른 부모들에게 도움을 주기 위해 부모들의 모임에 참석하기도 합니다. 또한 사회운동에 적극적으로 참여하는 경우도 있으며, 긍정적인 기여를 할 여러 가지 방법을 찾습니다. 어떤 부모들은 공개적으로 활동하고, 어떤 부모들은 조용하게 활동합니다.

부모의 반응은 자녀의 정신 건강에 큰 영향을 미칩니다

자녀의 커밍아웃을 처음 받은 부모라면, 갑작스러운 충격에 마음에도 없는 말을 자녀에게 할 수도 있습니다. 혼란스럽고 당황스럽기에 그럴 수 있지만, 그렇다고 해서 머릿속에 뒤엉켜 있는 말들을 여과 없이 그대로 입 밖으로 내뱉는 건 위험합니다. 커밍아웃 후 부모에게 들은 비난과 책망, 부정 섞인 말들은 성소수자들에게 평생 마음의 상처로 남게 됩니다. 나중에 부모가 자신의 잘못을 깨닫고 진심 어린 사과를 하더라도요. 예컨대 "너 같은 자식은 낳지 말았어야 했는데", "그냥 같이 죽어 버리자"와 같은 말들 말이죠.

한국청소년복지개발원의 조사에 따르면, 청소년 성소수자들 중 "자살을 생각해 본 적 있다"는 응답자의 비율은 77.4%, "자살을 시도해 봤다"는 응답자 비율은 47.4%에 이릅니다(청소년 성소수자의 생활 실태 조사 보고서, 2006). 연구에 따르면 성소수자의 정신 건강은 성정체성 자체가 아니라 **사회나 주변의 성소수자에 대한 적대적인 태도와 차별 때문에** 저해된다고 하며, 그중에서도 가장 큰 영향을 미치는 것은 가족들이라고 합니다. 누가 뭐래도 지지를 받아야 할 가족들에게조차 거부당하고 적대와 혐오감을 경험한 성소수자들은 더 이상 의지할 곳이 없다고 느끼게 됩니다. 그들은 세상에 홀로 남겨졌다고 느끼게 됩니다.

샌프란시스코 주립 대학의 케이틀린 라이언 박사 팀의 연구에 의하면Family Acceptance Project, 2009, 성소수자라는 이유로 가족에게 강한 거부를 당한 성소수자 청소년들은 그런 경험이 없는 성소수자 청소년에 비해 8배 이상의 자살 시도와 6배에 달하는 심한 우울증을 경험합니다. 반면 포용적인 가족을 둔 성소수자 청소년들은 적대적인 가족을 둔 성소수자 청소년에 비해 자신이 행복한 삶을 살 것이라고 믿는 경향이 3배 더 큰 것으로 나타났습니다.*

부모로서 커밍아웃한 자녀를 받아들이는 과정이 많이 힘들더라도, 자녀가 스스로를 받아들이고 부모에게 커밍아웃하기까지의 과정이 훨씬 더 힘들었을 거라는 사실을 기억해 주세요. 자녀들은 아주 오래 전부터 부모나 가족, 친구나 지인의 사랑을 잃을까 걱정하고, 그들이 어떤 반응을 보일지 걱정해 왔습니다. 심지어 가족이나 친구를 잃을지 두려워하기도 합니다.

- https://familyproject.sfsu.edu/sites/default/files/documents/FAP_English%20Booklet_pst.pdf

가족에게 거부당한
성소수자 청소년의
자살 시도 비율 //

약한
거부

중간 정도의
거부

강한
거부

가족의 거부 정도

Ryan, Family Acceptance Project, 2009.

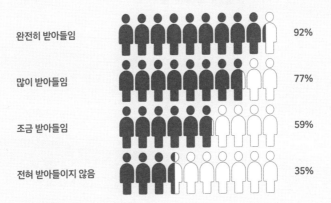

완전히 받아들임   92%

많이 받아들임   77%

조금 받아들임   59%

전혀 받아들이지 않음   35%

가족의 포용 정도

Ryan, Family Acceptance Project, 2009.

당신의 자녀에겐 당신이 필요합니다. 성소수자에게 부모는 가장 큰 위로가 될 수도, 가장 큰 고통이 될 수도 있습니다.

부모의 이런 말과 행동은 좋아요!

자녀의 성정체성을 알게 되었을 때, 부모가 할 수 있는 가장 중요한 일은 부모의 사랑을 표현하고, 대화하고, 자녀의 말을 들어 주는 것입니다. 자녀 앞에서는 두려움, 걱정, 분노 같은 힘든 감정을 드러내지 않는 것이 좋습니다. 기억하세요. 사랑과 지지는 언제 보내도 늦지 않습니다. 빨리 지지하고 이해하는 부모들도 있지만, 시간이 조금 걸리는 경우도 있습니다. 중요한 것은 당신이 이해하려고 노력하고 있다는 것입

"열여섯 살인 아들은 멋진 모범생이었어요. 항상 미소 짓는 밝은 아이였습니다. 아들이 동성애자인 걸 알게 되었을 때, 무지한 저는 아이의 생각만 바꾸면 될 줄 알고 온갖 혐오의 말로 상처를 주었죠. 얼마 뒤, 정작 아이를 불행하게 만든 건 바로 저였다는 것을 알았어요. 아들이 혼자 괴롭게 보냈을 시간을 엄마로서 알아주지 못했다는 점과, 무지해서 아이에게 상처를 준 미안함은 평생 마음속에 남을 것 같아요. 좌절하지 않고 꿋꿋이 자신의 길을 가는 제 아들이 지금은 자랑스럽습니다.

니다. 다음과 같은 말과 행동을 부모가 한다면 성소수자인 자녀는 부모에게 신뢰를 갖게 되고 위로와 용기를 얻을 것입니다.

- ☑ 자녀와 함께 성소수자 정체성에 대해 이야기하기
- ☑ 자녀가 성소수자라는 것을 알고 나서도 변함없이 자녀에게 애정을 표현하기
- ☑ 자녀의 성정체성을 지지하기
- ☑ 자녀가 성정체성을 이유로 타인에게 안 좋은 대우를 받았을 때 자녀를 옹호하기
- ☑ 다른 가족 구성원들에게 성소수자 자녀를 존중할 것을 요구하기
- ☑ 신앙 공동체가 성소수자를 지지하도록 촉구하기
- ☑ 자녀가 성소수자 친구나 연인을 소개할 때 반갑게 맞아 주기
- ☑ 자녀가 행복한 삶을 살 수 있을 것임을 믿기

● 부모에게 권하는 말과 행동, 부모가 하지 말아야 할 행동에 대한 내용은 케이틀린 라이언 박사 팀의 연구 내용을 참고했습니다. https://familyproject.sfsu.edu/sites/default/files/documents/FAP_English%20Booklet_pst.pdf

부모의 이런 말과 행동은 위험해요!

부정적인 반응은 장기적으로 나쁜 영향을 미칠 수 있습니다. 자녀를 때리거나 욕하고 집에서 쫓아내는 것이 자녀의 신체적, 정신적 건강에 좋지 않은 영향을 미칠 것이라는 사실은 대부분의 부모가 알고 동의합니다. 그런데 주의할 것은, 자녀에게 도움이 될 것이라고 생각한 행동이 실제로는 좋지 않은 영향을 미치는 경우가 있다는 것입니다. 자녀를 성소수자와 관련된 것으로부터 멀어지게 하려는 부모의 행동과 말들이 그렇습니다.

- ⊘ 자녀의 성정체성을 이유로 때리거나 신체적, 언어적 폭력을 사용하는 것
- ⊘ 자녀를 가족으로부터 배제하거나 가족 행사에 참여하지 못하게 하는 것
- ⊘ 성소수자 친구들과 단절시키거나 성소수자 관련 행사나 자료를 금지하는 것
- ⊘ 자녀가 성소수자 정체성 때문에 차별 받았을 때 자녀를 탓하는 것
- ⊘ 자녀를 더(혹은 덜) 남성적, 혹은 여성적으로 행동하도록 강요하는 것

- ⊘ 성소수자는 신에게 벌을 받을 것이라고 말하는 것
- ⊘ 자녀의 옷차림이나 행동 때문에 가족들이 수치심을 느낀다고 말하는 것
- ⊘ 자녀의 성소수자 정체성을 다른 가족들에게 비밀로 하고 말하지 못하도록 하는 것

2장
혼자 너무
막막해요

당신은 혼자가 아닙니다. 앞서 우리는 한국의 성소수자 인구수가 약 200만 명으로 추산된다는 것을 확인했습니다. 다시 말해서, 비록 내 주위에 보이지 않는다고 해도, 성소수자는 어디에나 있고, 이들을 지지하는 가족과 친구들도 어디에나 있다는 것입니다. 당신은 이 과정을 혼자 겪는 것이 아닙니다. 혼자라고 느끼거나 초조하고 자신 없다고 느낄 때, 내가 지금 겪는 일을 이미 경험한 사람들과 만나고 이야기를 나누는 것은 분명 도움이 될 겁니다. 우리는 긴 여행을 하고 있습니다. 모든 여정이 그렇듯 이 과정도 힘들 때와 쉬울 때가 있겠지만, 같은 길을 나보다 먼저 걸어온 사람들이 있으며, 처음보다 훨씬 나은 상태에 도달해 자녀와 더 가까워지고, 이전엔 존재하는지도 몰랐던 커뮤니티와도 더 가까워진 단계에 이른 사람들이 있다는 것을 기억하세요.

아이가 성소수자라는 사실을 주변에 말해도 될까요?

사람들은 보통 처음 겪어 보는 일이나 어려운 일 앞에서 막막함을 느끼고 누군가에게 의지를 하게 됩니다. 자녀의 커밍아웃을 경험한 부모들도 그렇습니다. 여기서 **많은 부모들이 흔하게 하는 실수가 있습니다.** 가족, 배우자, 친척, 지인 등 주변 사람들에게 자녀의 성정체성을 '자녀의 의사와 무관하게' 밝히고 상담을 요청하는 것입니다. 하지만 이걸 알아주세요. 당신의 자녀는 '당신에게만' 자신의 성정체성을 알린 것입니다. 우리는 앞서 커밍아웃이 얼마나 큰 고심 끝에 나온 결정인지를 알아

"15년 전 아들이 게이임을 알게 되었을 때, 힘들어 하는 아들을 위해 아픈 마음을 꽁꽁 숨긴 채 한강에서 혼자 목 놓아 울었어요. 그때만 해도 성소수자의 부모들을 찾을 수가 없어 혼자 힘들어 했어요. 이제 같은 고민을 가진 부모가 있다면 먼 곳이라도 찾아가서 이야기를 들어 주고 싶어요."

보았습니다. 당신이 아닌 다른 누군가에겐, 그게 심지어 다른 가까운 가족이라고 할지라도, 말할 준비가 되어 있지 않을 수도 있습니다.

이렇게 타인의 성정체성에 대해 본인의 동의 없이 밝히는 행위를 '**아웃팅**'이라고 합니다. 성정체성도 엄연히 개인의 프라이버시이기에, 아웃팅은 개인의 프라이버시를 침해하는 심각한 행동입니다.

누군가에게 자녀의 성정체성을 얘기하고 상담을 요청하고자 할 때는 당사자인 자녀와 먼저 상의해 주세요. "상담을 요청하고자 하는 상대에게 네가 성소수자라는 사실을 말해도 괜찮냐" 묻고, 당사자인 자녀가 괜찮다고 하면 그때 상담을 진행하면 됩니다.

주변에 상담을 요청할 만한 사람이 없거나 아직까진 '나와 내 아이를 알고 있는 주변'에 말할 용기가 나지 않을 수도 있습니다. 하지만 아무에게도 얘기하지 않고 혼자 감당하려면 너무나 힘들고 답답하기도 합니다. 바로 그럴 때 찾아갈 수 있는 모임이 있습니다. 성소수자 부모들의 모임입니다.

성소수자부모모임에 나와 보세요

성소수자 인권에 대한 인식이 높아지면서 점점 더 많은 성소수자들이 부모에게 자신이 성소수자라는 사실을 밝히고 싶어 합니다. 하지만 커밍아웃을 받은 부모는 여전히 자녀가 한국에서 성소수자로 살아가는 것에 대한 걱정과 두려움이 큽니다. 그런 이유로 같은 고민을 갖고 있는 부모들이 모여 '성소수자부모모임'PFLAG Korea : Parents, Families and Allies of LGBTAIQ+ People in Korea을 만들었습니다.

성소수자부모모임은 성소수자의 부모, 가족 그리고 지지자들의 모임입니다. 2014년, 성소수자 자녀를 둔 세 명의 부모가 '우리 아이가 이 세상을 잘 살아갈 수 있을까' 걱정하며, '나와 같은 부모를 만나고 싶다'는 마음으로 시작했

"전화가 왔는데, '엄마, 토요일에 언제 시간 돼? 여기 부모들 모임이 있는데 엄마가 와 보면 좋을 것 같아. 시간 되면 한 번 와줬으면 좋겠어요.'라고 하면서 '시간 안 되면 어쩔 수 없고' 그러더라고요. 모처럼 부탁인데 시간 내서 왔어요. 왔는데, 아이의 얘기를 듣고 가슴이 너무 아파서 말을 못 하겠는 거예요. 펑펑 울었어요. 그리고 커밍아웃을 먼저 한 자녀들, 부모들 이야기를 듣고, '아, 저랬었구나' 하는 생각이 들었어요. 나 혼자 문제를 가지고 있다고 생각했는데, 닫힌 마음이 조금씩 열리는 거예요."

습니다. 그 만남을 시작으로 꾸준히 매달 정기 모임을 열어 왔고, 2018년 인권단체로 거듭나 현재까지 왕성한 활동을 하고 있습니다.

성소수자부모모임에서는 비슷한 사연을 가진 사람들을 만날 수 있습니다. 누구와도 나누지 못했던 고민을 털어놓고, 같은 고민을 했던 사람과 이야기를 나눌 수 있습니다. 자신의 이야기를 말하는 것이 아직 힘들다면, 다른 사람들의 이야기를 듣기만 해도 괜찮습니다.

또한 성소수자의 부모뿐만 아니라 성소수자 당사자들도 참여하여, 부모와의 갈등이나 커밍아웃에 대한 경험과 고민을 나누기에 더 많은 도움과 정보를 얻을 수 있습니다. 성소수자부모모임은 성소수자 인권을 지지하는 모든 이들에게 열려 있습니다.

"여기 와서 느끼는 안도감이 뭘까 생각해 보니, 성소수자인데도 다들 행복하게 잘살고 있는 모습 때문인 것 같아요. 그래서 이 모임이 기다려져요. 또 어렴풋이 생각했던 것도 같이 이야기하다 보면 다시 생각해 보게 되기도 하고요. 같이 고민하는 가족이 생긴 느낌이라 든든해요."

성소수자부모모임이 매월 진행하는 정기 모임

성소수자부모모임

× × × × × × × × × × × × ×

홈페이지 | www.pflagkorea.org

이메일 | rainbowmamapapa@gmail.com

전화 | 02-714-9552

정기 모임 안내

- 서울 지역 정기 모임: 매월 두 번째 토요일 오후 3시
- 영남 지역 정기 모임: 매월 세 번째 일요일 오후 3시
- 호남 지역 정기 모임: 매월 세 번째 토요일 오후 3시
- 트랜스젠더 부모 모임: 짝수 달 네 번째 토요일 오후 3시

※ 날짜와 시간은 변동될 수 있으니, 참석 전 확인 부탁드립
니다.

※ 참석을 신청하신 분들에게는 모임 장소를 개별 고지해 드
립니다. 이메일이나 전화로 문의해 주세요.

3부

아이가
잘 살아갈 수
있을까요?

1장
성소수자들은
○○ 하지 않나요?

우리는 앞서 성소수자가 무엇인지, 성소수자 자녀를 둔 부모로서 어떻게 반응해야 하는지 알아보았습니다. 하지만 여전히 낯설고 걱정되는 마음이 남아 있을 수 있습니다. 한국 사회에서 성소수자가 살아가는 모습을 많이 보지 못했기에, 내 아이와 가족의 미래에 대해 우려가 앞서기도 합니다. 이 장에서는 성소수자에 대한 오해들을 바로잡으며 오해에서 비롯된 우려들을 덜어내 보려 합니다.

성소수자에 대한 전형적인 오해들

우리 사회는 부모와 자녀로 이루어진 가족을 '정상적인 가족'으로 보고, 그렇지 않은 가족인 한부모 가족, 비혼 동거 커플, 동성 부부 등을 '비정상적인 것'으로 봅니다. 더구나 성소수자들은 그 존재만으로도 '일반적'이지 않고 '남들과 다르다'고 여겨집니다. 그렇기에 사람들은 성소수자를 더욱 쉽게 타자화하고, **몇 가지의 사례만으로 성소수자의 모습을 전형화하는 경향이 있습니다.** TV에 동성애자나 트랜스젠더가 한 명 나오면, '모든 동성애자/트랜스젠더는 저 사람 같을 거야'라고 생각하게 됩니다.

성소수자에 대한 전형적인 오해에는 다음과 같은 것들이 있습니다.

"성소수자는 '여성스러운 남자', '남성스러운 여자'일 것이다." "동성 간 교제에서도 '여자 역할', '남자 역할'이 있을 것이다." "문란한 성생활을 할 것이다." "가정을 꾸릴 수 없기에 외롭게 살아갈 것이다."

물론 어떤 성소수자는 '여성스러운 남자' 혹은 '남성스러운 여자'일 수도 있고, 가정을 꾸리지 않고 살아갈 수도 있습니다. 하지만 모든 성소수자가 그런 것은 아닙니다. 성소수자 개인마다 다양한 삶의 형태와 특징들을 가집니다. 이는 비단 성소수자뿐만 아니라 비성소수자도 마찬가지입니다. 일부 개인의 특징을 그가 속한 정체성의 전체 특징으로 단정 짓는 것은 일반화의 오류입니다. 중요한 것은 개인의 고유한 특징들에 대해 옳고 그름을 논하는 것이 아니라 그 자체로 존중하는 것입니다.

성서에서는 동성애를 죄라고 하지 않나요?

종교계, 특히 일부 개신교계에서는 성소수자를 마치 '존재할 수 있는 가장 큰 죄악'인 것처럼 묘사합니다. 다니는 교회에서 성소수자를 부정적으로 묘사해 왔다면, 자녀의 커밍아웃이 더욱 혼란스럽게 다가올 수도 있습니다.

그들은 성소수자의 존재가 죄악인 이유가 성경에 명시되어 있다고 말합니다. '성경에서 정죄하고 있는 것은 지금의 신도들도 정죄할 수 있다'는 논리입니다. 하지만 성소수자를 죄악이라고 하는 종교인들조

"아이가 커밍아웃했습니다. 나는 평생을 신앙인으로서 동성애는 죄악이라고 믿고 있었는데, 내 아이가 동성애자라니 믿기지 않습니다. 내 일상이, 내 세계관이 무너졌어요. 교회에 이야기할 수도 없고, 어떻게 해야 할지 모르겠습니다."

차, 성서의 모든 내용을 문자 그대로 해석하지는 않습니다. 대표적으로 성경에서는 이혼한 사람 역시 정죄하며, 돼지고기와 조개를 먹는 것을 금기시하지만 현대에 이르러 해당 내용을 그대로 받아들이지는 않습니다. 어째서 성경의 어떤 항목들은 시대의 변화에 따라 다르게 해석하면서 어떤 항목들은 엄격하게 문자 그대로 해석하는 걸까요? 이들이 성소수자만을 성경의 내용에 비춰 죄악이라고 하는 것은, 실은 성경의 내용 때문이 아니라 그들이 원래 가지고 있던 성소수자에 대한 편견에 기반한 것입니다.

성소수자를 죄악시하는 일부 종교인들 외에 다른 많은 종교인들과 신학자들이 이러한 해석에 반대합니다. **성서는 누군가를 정죄하고자 하는 수단이 아니라, 사랑과 정의, 평화를 지향하며 읽어야 할 경전**이라고 생각합니다. 성소수자 부모모임의 정기모임이나 각종 성소수자 인권 행사에는 목사, 신부, 수녀, 스님 등 성소수자를 지지하는 많은 종교인들이 함께합니다. 이들은 "나도 성소수자들의 진짜 모습을 보지 못하고, 종교에서 이야기하는 차별적인 내용만을 믿고 성소수자를 혐오했던 적이 있다. 하지만 성소수자들을 만나고 나니, 이들의 인권을 옹호하고 지지하는 것이 참 종교인의 자세라는 것을 알게 되었다"고 말합니다.

　성소수자인 자녀를 지지하는 것과 종교를 믿는 것, 둘 중 하나를 양자택일로 선택해야 할 필요는 없습니다. 신은 성소수자 또한 사랑합니다. 사랑의 가르침에 따라 신앙심을 가지고 성소수자인 자녀를 사랑하면 됩니다.

　이 책에서 성서와 성소수자에 관련된 모든 이야기를 하기는 어렵습니다. 이에 대해 보다 자세히 살펴보고자 한다면, 4부 3장 '성소수자 관련 추천 도서'에 소개되어 있는 『예수, 성경, 동성애』, 『성서, 퀴어를 옹호하다』, 『다리 놓기』를 읽어 보시면 좋겠습니다.

에이즈가 걱정돼요

　누구나 잘 알지 못하는 질병에 대해서는 두려움을 갖게 됩니다. 우리가 불과 얼마 전까지만 해도 코로나19에 큰 두려움을 가졌던 것처럼 말이죠. 하지만 백신이 개발되고 코로나19가 익숙해진 지금, 대부분의 사람에게 코로나19는 더 이상 공포의 질병이 아닙니다. 그렇기 때문에 질병에 대한 걱정이 있다면 해당 질병에 대한 정보를 알아볼 필요가 있습니다.

　에이즈는 HIVHuman immunodeficiency virus(인간면역결핍바이러스)라는 바이러스에 의해 발생합니다. 이 바이러스에 감염되면 인체의 면역력이 서서히 저하되고, 면역 체계가 약해지면 신체를 외부 병균으로부터 보호하지 못하고 각종 질환이 발생하게 됩니다. 이 상태를 에이즈 AIDS, Acquired immune deficiency syndrome(후천성면역결핍증)라고 부릅니다. 즉, 에이즈는 HIV에 감염되어 면역력 약화

● 「HIV/AIDS 궁금증을 해결해 줄 해답의 열쇠 ver.2」
(https://knpplus.org/archive/?q=YToxOntzOjEyOiJr
ZXI3b3JkX3R5cGUiO3M6MzoiYWxsIjt9&bmode=vi
ew&idx=12692907&t=board)

에 따라 각종 질환이 발생하는 상태를 뜻합니다. 이를 통칭하여 HIV/AIDS라고 말하기도 합니다.

HIV에 감염되었다고 해서 곧장 면역 체계가 무너지고 에이즈 상태가 되는 것은 아닙니다. 그동안 HIV/AIDS에 대한 연구와 치료법이 비약적으로 발전하면서 감염인의 질병 진행 속도를 크게 낮추었고, 감염의 진행도 효과적으로 낮출 수 있게 되었습니다. 그래서 오늘날 의학계에서는 HIV/AIDS를 고혈압이나 당뇨처럼 관리 가능한 만성질환으로 보고 있습니다. HIV 감염인도 충실히 약을 복용하고 건강을 관리하면 비감염인과 평균 수명의 차이가 거의 나지 않습니다.

HIV 감염은 바이러스가 혈류로 들어갈 경우 이루어집니다. 감염 경로에는 여러 가지가 있습니다. 대표적으로 성관계, 주사기의 공동 사용, 임신 및 출산 등이 있는데, 한국에서 HIV 감염의 주요 경로는 감염인과의 성관계입니다. 남성 동성애자 간의 성관계가 HIV 감염에 취약한 형태를 띠는 것은 사실입니다. 하지만 HIV에 감염되는 것은 감염인과 성관계를 할 때에 가능한 것이고, 남성 동성애자가 모두 감염인인 것도 아닙니다. 감염인과 성관계를 하는 경우에도 콘돔을 사용하는 것만으로 HIV 감염을 손쉽게 예방할 수 있습니다.

또한 HIV 감염에는 필수 조건이 하나 있습니다. 감염될 수 있을 정도로 충분한 양의 바이러스에 노출되어야 한다는 것입니다. 그런데 감염인이 항바이러스 치료를 받으면 체내 바이러스 농도가 낮아지고, 농도가 어느 수준 이하로 내려가면 성관계를 하여도 동성이나 이성의 파트너가 감염되지 않습니다. 때문에 HIV 감염인들이 꾸준히 관리 받고 약을 먹는 것만으로도 감염 예방이 가능합니다.

에이즈는 바이러스에 감염될 수 있는 모든 집단에서 발생할 수 있는 병이라는 사실이 의학적으로 규명되었지만, 성소수자를 혐오하는 집단에서는 "동성애가 에이즈를 퍼뜨린다"며 동성애자와 HIV 감염인에 대한 혐오와 사회적 낙인을 강화합니다. 이런 사회적 낙인은 HIV 감염인이 자신을 드러내지 못하도록 하여 에이즈에 대한 꾸준한 치료와 관리를 방해하며, 이는 곧 에이즈 예방을 어렵게 합니다. **HIV 감염인의 인권을 보장하는 것이 곧 에이즈 예방의 지름길**인 셈이며 우리 모두의 건강에도 도움이 되는 길입니다.

혼자 외롭게 살면 어쩌지요?

TV 등의 매체나 실제 주변에서 동성 커플의 모습을 찾아보기 어렵기 때문에 자녀가 좋은 짝을 만나 외롭지 않게 살아가는 모습이 잘 그려지지 않을 수 있습니다. 동성 결혼이 법제화되어 있지 않은 한국 사회에서 가정을 꾸리고 잘 살아갈 수 있을지 걱정되기도 합니다.

하지만 보이지 않을 뿐, 이미 많은 동성 커플들이 동거 등의 다양한 형태로 경제, 가사, 생활을 함께 하고 있습니다. 어느 이성 커플들과 다르지 않게 사랑하며 연애하고, 같이 재산을 모으고 더 나은 미래를 꿈꾸며 살아갑니다. 하지만 아쉽게도 이들은 법적 혼인 관계로 묶여 있지 않기 때문에 둘의 관계를 법·제도적으로 보호받지는 못하고 있습니다.

하지만 최근, **동성 커플에 대한 제도적 진전이 있었습니다.** 지난 2023년 2월, 서울고등법원은 '동성배우자 건강보험 피부양자 자격 인정 소송'에 대해 "공단이 이성 관계인 사실혼 배우자 집단에 대해서만 피부양자 자격을 인정하고 동성 관계인 동성결합 상대방 집단(동성부부)에 대해서는 피부양자 자격을 인정하지 않는 것은, 성적지향을 이유로 하는 차별 대우에 해당한다"며, 동거하는 동성 커플에 대해 건강보험 피부양자 자격이 인정되어야 한다는 판결을 내리기도 했습니다.[*] 비록 해당 사건은 건강보험공단 측이 상고를 하면서 대법원까지 가서 다투게 되었지만, 해당 판결을 계기로 동성혼이나 생활동반자법과 같이 동성 커플의 권리를 보호할 수 있는 법·제도의 필요성이 사회적으로 많이 환기되었으며, 국회에서는 관련 법을 제정하기 위한 움직임도 보이고 있습니다. 한국에서도 동성 커플의 권리가 온전히 보장받을 수 있는 날이 조만간 찾아올 것입니다.

- 『BBC News 코리아』, 「동성부부: 법원, '동성 배우자도 건강보험 피부양 자격 있다' … 동성 커플 법적 지위 인정 첫 사례」 https://www.bbc.com/korean/news-64715029

트랜스젠더는
어떻게 살아가나요?

트랜스젠더는 지정성별에 따라 사회적으로 요구받는 성별표현 등이 본인이 인식하고 정체화하는 성별과 일치하지 않을 때 불편감을 느낍니다. 이를 성별위화감(성별불일치감)이라고 하는데, 성별위화감은 트랜스젠더마다 느끼는 정도가 다르며, 그로 인한 고통 또한 개인마다 차이가 있을 수 있습니다.

"중학생인 아들이 초등학교 저학년 때부터 여자가 되고 싶다고 이야기를 했었는데, 최근에 방에서 치마를 입고 화장하고 있는 걸 우연히 보았어요. 아이가 '이렇게 하면 마음이 좀 편해진다. 그렇지 않은 내 모습은 너무 싫다'고 하더라고요. 아이를 어떻게 받아들여야 할지 잘 모르겠어요."

이를 해소하기 위한 의학적 조치로는 호르몬 치료와 성확정 관련 외과적 수술 등이 있습니다. 이러한 조치 역시 개개인이 느끼고 정체화하는 것에 따라 필요로 할 수도 있고, 그렇지 않을 수도 있습니다. 또한 트랜스젠더는 주민등록상 성별 표기가 본인이 정체화한 성별과 달라 일상에서 겪는 어려움이 많습니다. 이를 해소하기 위해 주민등록상 성별을 변경하는 성별정정 절차를 거치기도 합니다.

호르몬 치료, 성확정 수술이란 게 뭔가요?

호르몬 치료와 성확정 수술은 트랜스젠더 당사자가 자신의 **신체에 대한 불편함을 완화하고 자신이 정체화한 성별로 살아가기 위해** 받을 수 있는 의료적 조치입니다. 이를 '의료적 트랜지션' Medical transition이라고도 부릅니다.

'호르몬 치료' Hormone therapy는 테스토스테론, 에스트로겐 등 내분비 호르몬을 약 복용이나 피부 도포, 주사 등의 방법으로 투여하는 것입니다. 이 치료를 통해 피부, 목소리, 체형 등이 본인의 성별정체성에 부합하도록 신체적 변화를 줄 수 있습니다. 호르몬 치료에서 무엇보다 중요한 것은 주치의와의 지속적이고 충분한 상담입니다. 개개인의 신체적 조건, 원하는 변화의 정도, 투여 후 효과와 증상 등이 모두 다르기 때문입니다. 개별 조건에 맞게 치료를 이어 가고 이후 신체 반응을 살피며 약물 종류, 투여 용량 및 주기 등을 조절해야 합니다.

> "고2 아이가 트랜스젠더 진단을 받았어요. 아이는 지금 몸으로 사는 걸 너무 힘들어 하고 수술을 원하고 있어요. 끼니도 거르고 새벽까지 깨어 있다가 겨우 잠들 정도로 몸의 변화가 싫다고 해요. 몸이 많이 약한 아이인데, 어린 나이에 호르몬 치료나 수술을 꼭 시작해야 할까요?"

'성확정 수술'Gender-affirming surgery *은 신체를 본인이 정체화하는 성별의 형태로 변화시키는 외과적 수술을 말합니다. 성확정 수술은 자궁과 난소, 고환, 내·외부 성기 등 생식기능과 관련된 신체 기관을 제거하거나 재건하는 수술뿐만 아니라 가슴·흉부 수술, 안면 윤곽, 체형, 음성을 성형하는 수술까지를 모두 포괄합니다.

호르몬 치료와 성확정 수술이라는 의료적 트랜지션

---

* '성전환 수술'이라는 명칭으로 더 널리 알려져 있으며 '성별 적합 수술', '성기 재건 수술'(Genital reconstruction surgery), '성확정 수술', '성별 재지정 수술'(Sex reassignment surgery)이라고도 불립니다. 여기서 우리는 트랜스젠더 본인의 의지에 따라 신체를 성별정체성에 맞게 '확정'한다는 뜻에서 '성확정 수술'을 사용하고자 합니다.

이 모든 트랜스젠더에게 필수적이지는 않습니다. 개개인의 성별위화감의 정도에 따라 필요한 의료적 트랜지션의 정도에 차이가 있습니다. 성별위화감을 심하게 겪는 이들의 경우 의료적 조치는 필수적이고 매우 중요합니다. 그러나 그 위화감의 정도가 낮은 경우, 의료적 조치 없이 자신의 신체와 성별 정체성을 받아들이는 이들도 있습니다.

"아이가 현재 호르몬 치료를 받고 있습니다. 수술도 원하는데, 수술까지 굳이 해야 하는지 모르겠습니다. 알아보니까 수술하지 않고 사는 사람들도 있던데, 우리 아이도 그냥 수술을 하지 않고 살아갈 수는 없는 건지, 수술했다가 나중에 후회하지는 않을지 걱정입니다."

성확정 수술이 보통 해외에서 이루어졌던 과거와 달리 최근에는 국내에서도 해당 분야 전문가들이 활발하게 활동하고 있습니다. 서울대학교 의과대학에서는 2021년 '성소수자 건강권과 의료'가 선택과목으로 개설되어, 다양한 양질의 정보가 공유되고 있습니다. 성소수자부모모임에도 실제 성확정 수술을 경험한 당사자와 가족, 믿을 수 있는 의료 지식과 정보를 제공해 주는 의료인들이 함께합니다. 특정 지역 병원, 특정 시술이나 수술 등 구체적인 정보가 필요하다면 성소수자부모모임에 나와 보거나 상담을 요청해 보는 것도 좋습니다.

성별정정의 절차와 과정이 궁금해요 ˚

    현재 한국에는 성별정정에 관한 법률이 별도로 제정되어 있지 않습니다. 따라서 성별정정을 하기 위해서는 법원의 허가가 필요합니다. 법원에서는 '성전환자의 성별정정허가신청사건 등 사무처리지침'(2020년 2월 개정, 이하 사무처리지침)이라는 가이드라인을 토대로 성별정정 허가를 내 주고 있습니다.

    법적 성별정정을 하기 위해서는 먼저 지역 가정법원에 가족관계등록부상 성별정정 허가 신청을 해야 합니다. 사무처리지침에 따르면, 등록부정정허가신청서와 가족관계등록부의 기본증명서, 가족관계증명서, 주민등록표등(초)본을 기본으로 제출합니다. 추가적으로 혼인관계증명서, 출입국사실증명서, 신용정보조회서, 정신과 진단서, 수술확인서, 생식능력이 없음을 증명하는 의사 소견서, 성장환경진술서, 인우인의 보증서, 가족·친구 등의 진술서 등을 참고서면으로 제출하게 됩니다. 성별정정허가신청 이후 심문기일이 잡히고, 당일 법원

• 좀더 자세한 내용은 트랜스로드맵(트랜스젠더를 위한 정보인권 길잡이 http://transroadmap.net)을 참고하십시오.

에서 판사의 심문이 이어집니다. 결정은 보통 1개월에서 길게는 6개월까지 소요됩니다.

> "아이가 최근 수술까지 겨우 마쳤어요. 이제 법적 성별정정을 하려고 하는데 정보를 찾기가 어렵네요. 그 절차가 어떻게 되는지, 도움을 받을 수 있는 곳은 없을지 궁금해요."

개정된 사무처리지침에 따르면 '참고서면'은 필수제출은 아니지만, 여전히 대부분의 법원이 관행에 따라 이를 중요한 기준으로 삼으며 참고서면 제출을 요구하고 있습니다. 여기서 주요하게 문제가 되는 것은, 앞서 살펴본 바와 같이 성확정 수술이 모든 트랜스젠더에게 필수적이지 않음에도 성별정정을 위해서는 성확정 수술이 강제된다는 부분입니다.

그러나 2023년 3월 서울서부지방법원은 트랜스젠더 성별정정 신청을 허가하면서, 성확정 수술은 필수 요소가 아니며, 당사자의 의사에 반하는 생식능력 박탈 및 외부 성기 변형 강제는 인간의 존엄을 침해하는 것이라고 밝힌 바 있습니다.* 물론 개별 사건에 대한 판결이므로 모든 트랜스젠더가 성확정 수술 없이 성별정정이 가능해진 것은 아닙니다.

성소수자 인권단체와 활동가들은 해당 판결에서 나아가, 대법원 사무처리지침에서 생식능력 제거 수술과 외부 성기 수술을 강제하는 관련 조항을 당장 폐지하고 트랜스젠더의 성별정정에 대한 특별법을 제정할 것을 요구하고 있습니다.

- MBC뉴스 「법원 "성전환 수술 안한 트랜스젠더도 성별 정정 가능"」 https://imnews.imbc.com/news/2023/ society/article/6464104_36126.html

4부

내가 무엇을 더
할 수 있을까요?

한국 사회에서 성소수자들은
어떤 차별을 받나요?

2014년 국가인권위원회의 '성적지향·성별정체성에 따른 차별 실태조사'에서는 성적지향·성별정체성에 따른 차별을 "합리적인 이유 없이, 어떤 사람 혹은 집단을 성적지향이나 성별정체성을 이유로 구별, 배제, 제한하거나 괴롭히는 행위"라고 말하며 직접차별과 간접차별을 구분합니다.

직접차별은 "동성애자, 양성애자, 트랜스젠더 등 정체성이 알려진 상태에서 발생하는 차별과 더불어 정체성을 추정하고 불리한 대우를 하는 것", 간접차별은 "어떠한 규정, 기준 혹은 관행이 표면적으로는 성적지향이나 성별정체성에 대한 차별의 의도를 가지고 있지 않지만 결과적으로 특정한 성정체성을 가진 사람들에게 불이익을 주는 행위"라고 설명합니다.

한국 사회에서 성소수자들은 단순히 '성소수자'라는 이유로, 혹은 내가 성소수자임을 상대가 알지 못하더라도 "사회적으로 기대되는 외모, 태도, 역할 규범에서 벗어나 있"다는 이유로 차별과 혐오에 노출되고 있습니다.

성소수자 차별과 혐오는 개인에 의한 신체적, 정신적 폭력부터 법·제도적인 차원에 이르기까지 다양하게 나타나고 있습니다. 학교에서 다른 학생이나 교사로부터 성소수자 혐오적인 발언을 듣거나 성소수자라는 이유로 벌점, 정학, 체벌 등 징계를 당하는 경우(교육), 채용 과정에서 외모나 언행 등이 법적 성별과 다르다는 이유로 채용을 거부당하는 경우(고용), 직장에서 동성 파트너가 법적 배우자로 인정되지 않아 복지 혜택을 받지 못하는 경우(직장), 본인에게 필요한 의료적 조치를 받지 못하는 경우(의료), 성별표현으로 인해 공공화장실을 이용하기 어려운 경우(공공시설) 등 성소수자 차별과 혐오는 우리 일상의 여러 영역에서 일어나고 있습니다.

왜 성소수자를 차별하고 혐오하나요?

많은 부모들이 자녀의 커밍아웃을 받고 아이에게 "바꿀 수는 없는 거니?", "네가 아직 어려서 그래", "성소수자로 태어나게 해서 미안하다"라고 말하고는 합니다. 성소수자라는 존재에 익숙하지 않고 잘 모르기 때문입니다. 이는 비단 부모들뿐만 아니라 대부분의 비성소수자들이 그렇습니다. 성소수자들은 늘 존재하고 있었음에도, 이들이 어떤 모습을 하고 있고 어떻게 살아가고 있는지 알지 못하다 보니 성소수자들을 '비정상'인 존재로 치부하게 되는 겁니다. 이렇게 낯설고, '내 주변에는 절대 없을 것 같다', '일반적이지 않고 비정상적인 삶을 살 것 같다'는 느낌이 성소수자를 향한 차별과 혐오의 원인이 되기도 합니다.

'내 주변에도 성소수자가 당연히 있을 것이다'라는 인식을 하게 되고, 성소수자에 대

"아들이 성소수자라는 걸 알았을 때 '하필이면 왜 내 아들인가' 가슴이 찢어지는 것 같았습니다. 나의 유전자이고 나의 환경 안에서 아들이 컸으니 선천적이든 후천적이든 부모로서 죄책감이 들었습니다. 하지만 아들은 '아버지 탓이 아니에요.'라고 했습니다. 사실, 편견 없는 세상이라면 게이이든 아니든 무엇이 걱정이겠습니까. 잘못된 것은 성소수자인 내 아들이 아니라 차별로 가득 찬 우리 사회입니다."

한 바른 정보를 알아가다 보면, 이런 차별과 혐오는 사라질 수 있습니다. 처음 자녀의 커밍아웃을 받았을 때 차별적이고 혐오적인 반응을 보이던 부모라 할지라도 성소수자가 비성소수자와 그렇게까지 다른 사람들이 아니고, 본인의 곁에 늘 존재해 왔던 사람들이라는 사실을 알아 가며 생각이 바뀌게 됩니다.

학교에서 따돌림을 당하거나 차별당하면 어떡하죠?

청소년 성소수자 가운데는 성소수자 친화적이지 않은 학교 환경 때문에 힘들어 하는 학생이 있을 수 있습니다. 트랜스젠더 학생일 경우 성별에 따른 교복을 입거나 화장실을 이용하는 것이 힘들지 않은지, 교사가 성소수자 혐오적인 표현을 사용하지는 않는지, 학교에서 성정체성이 알려져 친구들로부터 괴롭힘을 당하고 있지는 않은지 등을 확인해 보는 것이 필요합니다. 이때 섣불리 담임 교사나 상담 교사를 통해 확인해서는 안 되며, 자녀와 먼저 이야기해 보는 것이 좋습니다.

만약 아이가 성정체성을 이유로 **학교 생활을 어려워하고 있다면 이를 진지하게 받아들이고 함께 공감해 주세요.** '몇 년

만 버티고 졸업하자', '네가 너무 예민하게 받아들이는 거야', '사춘기라서 그래'와 같은 말과 태도는 자녀가 나중에 더 큰 문제를 직면할 때 이를 부모에게 숨기게 만듭니다.

문제 해결을 위해 적극적으로 나서는 것도 좋습니다. 교복이나 화장실 등 학교 생활 문제에 대해 학교 측과 상담한다거나, 인권 침해적 상황에 대해 학부모로서 문제 제기를 할 수도 있습니다. 물론 모든 것에 있어서는 자녀의 동의가 우선되어야 합니다. 진학 시 성소수자 친화적이고 성소수자 인권을 지지하는 학교들을 함께 찾아보는 것도 좋습니다. 일반 학교와 대안학교 등 다양한 사례를 살펴보고 내 아이가 원하는 학교의 모습에 대해 충분히 대화를 나눠 보는 것이 중요합니다.

군대에 보내는 게 걱정돼요

군 입대를 앞두고 있는 자녀의 부모라면 누구나 걱정이 앞설 수 있습니다. 사고가 많이 일어나기도 하는 곳에서 여리게만 느껴지는 내 자녀가 잘 견뎌낼 수 있을까 하는 걱정이겠지요. 게다가 성소수자라니, 걱정이 더욱 커지기만 합니다.

군대는 수직적, 폐쇄적이고 집단주의 문화가 강해 그 안에서 적응하지 못할 경우 다양한 어려움을 겪을 수 있습니다. 특히 동성애자 남성의 경우 군대에서 요구하는 '강한 남성성'에 부응하지 못하기도 합니다.

> "아이가 군 입대를 앞두고 있어요. 부대에서 아웃팅을 당하지는 않을지, 당하면 어떻게 해야 할지, 군 조직에서 적응을 잘 할 수 있을지, 군 생활을 잘 버텨낼 수 있을지 걱정이에요."

또한 군대에는 '동성애 처벌법'이라고 불리는 군형법 제92조의6이 존재하기도 합니다. 해당 조항은 군인에 대해 "항문 성교나 그 밖의 추행을 한 사람은 2년 이하의 징역에 처한다"는 내용으로, 사실상 동성애자를 겨냥한 조항입니다. 해당 조항이 문제가 되는 것은 군대 밖, 예를 들어 휴가 중 자신의 집에서 상호 합의 하에 한 성관계도 처벌 대상에 포함하며, 성폭력이 일어났을 경우 피해자도 동성 간 성관계를 했다는 것만으로 처벌 대상이 되기 때문입니다.

군형법 제92조의6을 통해 직접적인 피해를 보지 않더라도, 해당 조항이 성소수자 군인들에게 끼치는 부정적인 영향력은 꽤 크게 나타납니다. 성소수자 군인들은 해당 조항의 존재만으로 자신의 행위가 범죄 취급을 당

웰컴 투 레인보우

한다는 현실에 위축되며, 이는 곧 군대 생활에 적응하기 어려운 요인으로 작용하기도 합니다. 또한 나아가 성소수자를 범죄화하는 조항의 존재 자체로, 한국 사회에서 성소수자에 대한 낙인이 강화되기도 합니다.

이에 군형법 제92조의6을 폐지하기 위한 활동이 지속적으로 펼쳐지고 있으며, 현재 헌법재판소에서는 해당 조항에 대한 폐지 여부를 심사 중에 있습니다. 우리 모두 함께 관심을 기울이며 지켜보아야 할 필요가 있습니다.

물론 이런 어려움들에도 불구하고 무사히 군대를 전역한 성소수자들 또한 많이 있습니다. 군 생활을 어떻게 잘 보냈는지, 이미 전역한 경험자들의 이야기를 들어 보면 도움이 되기도 합니다.

또한 군대 내 성소수자 인권침해 상황이 발생하여 도움이 필요할 경우, '군인권센터' 및 '군 관련 성소수자 인권 침해·차별 신고 및 지원을 위한 네트워크'와 같은 시민사회 단체들에 상담 및 지원을 요청할 수도 있습니다.

직장에서 불이익을 받지는 않을까요?

직장에서 성소수자라는 이유만으로 불이익을 주거나 해고를 하는 것은 엄연한 노동법 위반입니다. 때문에 성소수자라는 사실이 드러나더라도 함부로 불이익을 줄 수는 없습니다. 만약 노동자가 자신의 성정체성 때문에 불이익을 받았다면 법률적 구제가 가능합니다.

다만, 직장은 생계수단일 뿐만 아니라 동시에 일상에서 주된 시간을 보내는 공간이기에 직장 동료와의 관계 또한 중요합니다. 하지만 슬프게도 여전히 다수의 시민들이 성소수자를 직장 동료로 받아들이는 것에 부정적인 태도를 가지는 것은 사실입니다. 성소수자 정체성이 드러날 경우 직장 내 괴롭힘 등을 경험하기도 합니다. 이러한 현실에서 많은 성소수자들이 자신의 정체성을 드러내지 않습니다. 드러내지 않으면 직접적인 괴롭힘을 경험하지 않을 수 있기 때문입니다. 그러나 정체성을 드러내지 않더라도, 직장에서 사람들이 성소수자에 대해 부정적인 태도를 보이는 것을 간접적으로 경험하거나 자신의 성정체성과는 다른 성별표현을 해야 하는 어려움을 경험하기도 합니다. 또한 아직 성별정정을 마치지 않은 트랜스젠더의 경우에는 아예 취업 자체가 어렵기도 합니다.

이러한 어려움들이 있지만, 성소수자들은 각자의 분야에서 이미 일해 왔고, 일하고 있습니다. 과거에 비해 직장에서 사생활을 캐묻는 것이 부당하다는 인식이 커졌고, 비성소수자들 가운데도 결혼하지 않는 사람들이 많아지면서, 직장에서 성소수자인 것을 숨기거나 드러내기도 예전보다는 쉬워졌습니다. 2021년 5월 한국갤럽의 여론조사에 따르면, '직장 동료가 동성애자라는 이유로 해고 조치되는 것'에 대해 어떻게 생각하는지 묻는 질문에 81%의 사람들이 '타당하지 않다'고 응답했습니다. 적극적으로 성소수자 인권을 지지하지는 않더라도, 성소수자라는 이유로 차별하는 것은 부당하다는 데에 대부분의 사람들이 공감하고 있다는 것을 알 수 있습니다.

또한 몇몇 기업들은 적극적으로 성소수자 직원들의 인권과 직장 내 다양성을 지원하기도 합니다. 직장 내에 성소수자 인권 지지 모임을 만든다거나 전 직원들을 대상으로 성소수자 인권 교육을 하기도 하고, 성소수자 인권단체를 지원하는 등의 활동을 하기도 합니다. 이렇듯 우리 사회의 기업과 직장 문화도 변화하고 있습니다.

2장

성소수자가 차별받지 않는 세상을 위해 무엇을 할 수 있을까요?

앞서 살펴본 바와 같이 한국 사회를 살아가는 성소수자들은 다양한 차별에 노출되어 있습니다. 부모로서 자녀가 경험한 차별 상황에 대해 충분히 공감해 주고 지지해 주는 것은 성소수자 자녀의 정신건강에 큰 도움이 됩니다. 개별 차별 사건에 대하여 국가인권위원회 제소나 인권단체의 도움을 받아 조치를 취할 수도 있습니다. 보다 나아가서는 한국 사회가 성소수자를 더 포용할 수 있도록 차별금지법 제정, 동성혼 법제화, 성별정정 특별법 제정, 군형법 제92조의6 폐지 등과 같은 법·제도적인 변화를 만드는 데도 함께할 수 있습니다.

성소수자부모모임 활동에 참여해 보세요

'성소수자부모모임'은 내 자녀를 비롯한 모든 성소수자들이 자신의 성적지향, 성별정체성, 성별표현에 따른 차별 없이, 있는 그대로 존중 받는 세상이 되기를 바라는 부모들의 모임입니다. 성소수자와 그 가족, 친구, 지지자를 지원하고 함께 행동하며, 성소수자들이 차별과 혐오로 겪는 어려움에 공감하고 연대합니다. 또한 성소수자에 대한 사회의 잘못된 인식을 개선하는 데 앞장서며, 성소수자의 권리를 보장하고 차별과 혐오 없는 사회를 실현하기 위한 법·제도의 변화를 함께 일구어 갑니다. 다음은 성소수자부모모임에서 하고 있는 활동들입니다.

"우리가 성소수자에 대해 너무나 모르고 있었다는 걸 알게 되었어요. 그리고 엄마로서 아이가 혐오와 차별 속에 혼자 힘들게 보냈을 세월을 알아주지 못했다는 자책을 하게 되었습니다. 우리 부모가 먼저 제대로 알아야, 사회가 성소수자에 대한 바른 인식을 갖게 되겠지요."

✳ 정기 모임

성소수자부모모임에서 진행하는 정기 모임은 현재 서울, 영남, 호남 지역에서 열리고 있습니다. 성소수자 자녀를 둔 부모와 가족, 성소수자 당사자, 그리고 성소수자 인권을 지지하는 사람이라면 누구나 참여할 수 있습니다. 정기 모임은 어디에도 나누지 못했던 고민을 털어놓고 서로 공감하고 연대하며, 필요한 정보 또한 함께 나누는 자리입니다.

✱ 트랜스젠더 부모 모임(트임)

'트임'은 트랜스젠더의 부모와 가족, 당사자가 만나는 모임입니다. 특히 '트임'에서는 호르몬 치료, 성확정 수술 등 트랜스젠더의 의료적 트랜지션과 법적 성별정정 관련 정보들을 나눕니다.

✱ 교육과 친교

성소수자 인권에 대해 이해하고 더 좋은 활동을 하기 위해, 성소수자 자녀를 둔 부모들을 위한 교육을 진행합니다. 다과를 나누며 인권, 사회적 의제 등 특정한 주제를 두고 편하게 이야기 나누는 시간을 갖기도 하고, 때로는 외부 강사를 초청하여 강좌를 진행합니다.

✱ 커밍아웃 워크숍

성소수자 당사자들을 대상으로 하는 프로그램입니

다. 부모를 대상으로 커밍아웃을 고민하고 있는 성소수자들이 원만하고 준비된 커밍아웃을 스스로 설계할 수 있도록 돕습니다.

✤ 퀴어문화축제 참가

성소수자부모모임은 해마다 서울, 인천, 대구, 부산, 전주, 경남, 춘천, 광주, 제주 등 전국 각지에서 개최하는 퀴어문화축제에 참가하고 있습니다. 퀴어문화축제에서 성소수자부모모임이 부스 행사로 진행하는 '프리 허그'에서는 성소수자 당사자들을 포옹하며 그들에게 위로와 격려를 전합니다. 아직 가족에게 커밍아웃하지 못한 성소수자, 가족의 지지를 받지 못하는 성소수자 당사자가 성소수자부모모임의 프리허그를 통해 지지를 경험합니다. 퀴어문화축제는 성소수자의 가족과 친구들이 성소수자 당사자들과 함께 자긍심, 앨라이로서의 동료의식을 느낄 수 있는 행사입니다.

✤ 미디어 활동

영화 〈너에게 가는 길〉 제작 협력, 도서 『커밍아웃 스토리』, 『웰컴 투 레인보우』 출판, 유튜브 채널 운영, 언론 인터뷰 등 다양한 형식의 미디어를 활용하여 한국 사회

퀴어퍼레이드에서 함께 행진하는 성소수자부모모임

에 성소수자와 그 가족들의 이야기를 전달하며 성소수자 인식 개선에 앞장서고 있습니다.

✿ 연대 활동

'차별금지법제정연대', '성소수자차별반대 무지개행동'과 같은 연대 단체에 함께하며 차별금지법 제정, 동성혼 법제화 등 법 제정 운동에 참여하고, 성소수자 인권 침해 사건이 생길 경우 함께 대응하며 목소리를 내고 있습니다.

앨라이로서 활동할 수 있어요

'앨라이'Ally는 '동맹', '협력자', '지지하다'라는 뜻을 가진 말입니다. 성소수자를 지지하는 이들을 일컬어 앨라이라고 부릅니다. 앨라이는 '나는 그들을 인정한다'거나 '받아들인다'는 정도의 소극적인 입장에서 한 걸음 더 나아갑니다. 성소수자들이 사회적으로 어떤 차별과 혐오를 당하고 있는지 알아보고, 이러한 차별과 혐오에 맞서고자 하며 성소수자와 적극 연대하는 사람을 앨라이라고 할 수 있습니다.

비온뒤무지개재단의 '나는 앨라이입니다'I'm ALLY 캠페인에서는 성소수자의 앨라이로서 할 수 있는 일들을 다음과 같이 제안합니다.

- ✅ 동성애자, 양성애자, 트랜스젠더가 시민으로서 누리지 못하는 권리가 무엇인지 생각해 봅니다.
- ✅ 성소수자를 차별하거나 혐오하는 발언, 농담 등을 접하면, 반대하는 입장을 명확히 가집니다.
- ✅ 성소수자를 차별하거나 혐오하는 정당이나 후보자에게 투표하지 않습니다.
- ✅ 성소수자 인권 증진을 위해 활동하는 단체를 후원합니다.
- ✅ 평소에도 가까운 사람들에게 성소수자의 인권을 지지하는 발언을 하고, 자신이 앨라이라는 것을 밝힙니다.

성소수자 자녀를 둔 부모로서 커밍아웃하는 것도 앨라이가 되는 좋은 방법입니다. 공개적 커밍아웃이 어렵다면 성소수자를 상징하는 무지개색의 배지, 목걸이 등을 착용하거나 자신이 일하는 책상 위에 무지개색의 물품을 두어, 주변에 앨라이임을 표현할 수도 있습니다. 이러한 행동은 자녀를 포함한 주변의 성소수자들에게 '나는 당신을 지지합니다'라는 표시가 됩니다.

성소수자 자녀를 둔 부모로서 **앨라이가 된다는 것은 자녀를 지지하는 가장 좋은 방법입니다.** 자녀를 그저 받아들이는 것에서 나아가 적극적인 앨라이가 된다는 것은 분명 쉽지 않은 일이나, 성소수자를 적극적으로 지지하는 활동을 통해 부모 역시 자긍심을 느낄 수 있습니다.

3장
성소수자에 대해 더 공부하고 싶어요

이 책『웰컴 투 레인보우』에는 성소수자를 처음 접하는 분들을 위해 성소수자에 대한 기초적인 내용을 간략히 담았습니다. 다음에 소개한 책과 영화, 자료 들을 찾아보시면 각 주제에 대해, 그리고 성소수자들의 삶의 모습에 대해 좀더 깊이 있고 폭넓게 이해하는 데 도움이 될 것입니다. 여기에 모두 소개하지 못한, 좋은 책과 영화, 영상, 자료 들이 많이 있습니다. 성소수자에 대해 함께 공부하면서 차차 찾아보시면 좋겠습니다.

『커밍아웃 스토리』

성소수자부모모임 지음, 한티재, 2018.

성소수자 당사자와 그 부모들의 이야기. 성소수자인 자녀를 지지하게 된 열두 명의 부모와, 성소수자로 살아가며 가족과 관계 맺는 방식을 고민하는 성소수자 당사자 열네 명의 솔직한 이야기가 담겨 있다.

「트랜스젠더 성확정 수술을 위한 의료정보 가이드북」

성소수자부모모임 엮음, 2021.

트랜스젠더의 성확정 수술과 관련하여 각 관련 분야의 전문 정보가 담긴 가이드북. 성소수자부모모임 홈페이지에서 PDF 파일을 다운로드 받을 수 있다.

『성소수자 지지자를 위한 동료 시민 안내서』

지니 게인스버그 지음, 허원 옮김, 현암사, 2022.

성소수자인 친구, 가족, 직원, 손님, 청소년에게 실수

하거나 상처 주고 싶지 않은 당신을 위한 지침서.

『무지개는 더 많은 빛깔을 원한다』

한국성소수자연구회 지음, 창비, 2019.

성소수자에 대한 오해를 바로잡고 차별과 혐오를 불식하기 위해 필요한 필수 지식을 집약한 책. 교육학, 법학, 보건학, 사회복지학, 사회학, 신학, 인류학 등 다양한 학문 분야의 전문가들이 참여해 다양한 성별정체성과 성적지향에 대한 올바른 지식을 전하고, 이들을 비정상으로 낙인찍는 한국의 법·제도적 현실을 조목조목 비판한다.

『LGBT+ 첫걸음』

애슐리 마델 지음, 팀 이르다 옮김, 봄알람, 2017.

본인의 정체성을 찾고 싶어 하는 LGBTQIA+ 사람들뿐 아니라 성적 다양성과 젠더에 관해 배우고자 하는 이들을 위한 책. 섹스와 젠더에 대한 사회의 이분화된 인식을 걷어내고 아름다울 만큼 다양하게 존재하는 인간의 끌림과 정체성의 영역을 살펴본다.

『오롯한 당신』

김승섭 외 지음, 숨쉬는책공장, 2018.

고려대학교 일반대학원 보건과학과 역학 연구실에서 트랜스젠더의 의료 이용을 주제로 발표한 논문을 바탕으로 출간한 책. 논문에 담겼던 여러 설문조사 결과와 심층 인터뷰 내용, 해외 자료 등이 풍부하게 담겨 있다. 트랜스젠더 15명을 심층 인터뷰한 내용을 따로 담아, 트랜스젠더가 의료 이용 과정에서 겪는 폭력과 차별뿐 아니라 삶의 전반을 이야기한다.

『동성 결혼은 사회를 어떻게 바꾸는가』

리 배지트 지음, 김현경·한빛나 옮김, 민음사, 2016.

결혼의 권리를 둘러싼 오랜 논쟁에 새 이정표를 제시할 실증 보고서. 2015년 6월 28일, 미국 연방 대법원의 판결에 따라 미국 전 주에서 동성 결혼이 가능해진다. 저자는 미국 동성 결혼 논쟁에서 핵심적인 역할을 해 온 경제학자로, 동성 결혼이 허용된 국가들에서 실제로 어떤 일이 생겼는지를 실증 자료를 바탕으로 하나하나 검토한다.

『퀴어는 당신 옆에서 일하고 있다』

희정 지음, 오월의봄, 2019.

사무실, 카페, 학교, 학원, 콜센터, 공공기관, 시민단체 등 다양한 직종에 종사하고 있는 성소수자 노동자들을 만나 인터뷰한 책. '성소수자들만의 노동'이 아닌 '지금 이 사회의 노동'의 실체를 보여 준다.

『성서, 퀴어를 옹호하다』

박경미 지음, 한티재, 2020.

성소수자 문제에 있어 성서를 어떻게 읽어야 하는가? 이 문제를 성서학자가 정면으로 다룬 책. 이화여대 기독교학과 교수인 저자는 이와 관련한 그간의 학계 연구들을 소개하며, 성소수자 혐오의 근거로 삼아 자주 인용되는 성서 본문들의 맥락과 의미를 짚어 보고 비판적으로 재해석한다. 저자는 문자주의적 성서 해석에 매여 성소수자를 혐오하고 배제하는 것은 그리스도의 복음의 본질에 어긋나는 일이라고 역설한다. 또한 그리스도의 십자가에 나타난 사랑은 곧 끊임없는 포용의 확대라고 강조한다.

『예수, 성경, 동성애』

잭 로저스 지음, 조경희 옮김, 한국기독교연구소, 2015.

동성애 문제에 대해 미국장로교회가 지난 20년 동안 어떤 논쟁을 거쳐 입장을 바꾸게 되었는지를 성경, 교리, 역사적 관점에서 해설한 책. 보수적인 복음주의 신학자로 미국장로교회 총회장을 역임한 저자는 동성애와 관련된 성경 본문들을 치밀하게 해석하고, 교회가 동성애 문제로 인한 분열을 넘어 앞으로 나아가기 위해서는 과거의 교회 역사로부터 무엇을 배워야 하는지를 밝힌다.

『다리 놓기』

제임스 마틴 지음, 심종혁 옮김, 성서와함께, 2021.

미국 예수회 회원인 제임스 마틴 신부는 이 책에서, 가톨릭교회와 성소수자 공동체 사이에 확연한 입장 차이가 있음을 인정한다. 그리고 '차이'가 아닌 '공통 영역'에 집중하면서 함께 길을 찾아가는 것이 시급하다고 말한다. 우리는 모두 하느님께서 만드신 귀한 존재이며, 하느님께 사랑받는 존재이다. 이 공통점이 훨씬 더 근본적인 진리이다. 저자는 그리스도교 신앙의 가장 핵심이 되는 바로 이 진리에 더 집중한다.

성소수자 관련 추천 영화

〈너에게 가는 길〉

Coming to you, 2021.

변규리 감독, 다큐멘터리, 한국, 93분.

34년차 소방 공무원 '나비'와 27년차 항공 승무원 '비비안', 단 한 번도 상상해 본 적 없는 내 아이의 커밍아웃 이후 아이에게 다가가기 위해 노력하는 두 엄마의 이야기. 성소수자부모모임에서 활동하고 있는 부모들의 모습도 엿볼 수 있다.

〈바비를 위한 기도〉

Prayers for Bobby, 2009.

러셀 멀케이 감독, 드라마, 미국, 85분.

실화를 바탕으로 한 영화. 독실한 크리스천 집안에서 자란 바비는 자신이 동성애자라는 사실을 외면하는 가족들과, 종교의 교리에 기반해 동성애가 죄악이라고 말하는 어머니로 인해 고통을 받는다. 자녀의 정체성을 있는 그대로 받아들이는 것의 중요성을 역설하는 영화.

〈어바웃 레이〉

About Ray, 2015.

게비 델랄 감독, 코미디, 미국, 92분.

지정성별 여성이지만 남성으로 트랜지션을 원하는 16세 소년 레이. 그리고 딸을 잃고 싶지 않은 엄마 매기와 "그냥 레즈비언으로 살면 안 돼?"라는 레즈비언 할머니 돌리. 누구보다 평범해지고 싶은, 아주 특별한 가족의 이야기를 섬세하고 따뜻한 시선으로 풀어낸 영화. 네 살 때 자신이 남자라는 사실을 알게 된 레이가 16세가 되어 성확정을 위한 호르몬 치료를 앞둔 시점에서 영화는 시작된다.

〈로렐〉

Freeheld, 2015.

피터 솔레트 감독, 드라마, 미국, 103분.

형사로 일하는 로렐은 시한부 판정을 받자, 파트너인 스테이시가 사후 연금 수령인으로 지정될 수 있도록 의회에 요청한다. 가족으로서 동등한 권리를 인정받기 위한 레즈비언 커플의 투쟁을 그린 이야기이다.

〈런던 프라이드〉

Pride, 2017.

매튜 워처스 감독, 코미디, 영국, 120분.

1984년, 영국의 마가렛 대처 집권 당시 광부 노조가 장기 파업에 들어서며 정부와 대립한다. 동성애자인 마크는 친구들과 함께 광부들을 위한 모금운동을 벌인다. 하지만 광부 노조에서 성소수자의 후원을 거절하자, 그들은 광부들과 그 가족들을 만나기로 한다. 광부들은 성소수자에 대한 거부감을 내비치지만 점차 마크와 친구들의 진심을 확인한다.

〈무지개 너머: 드래그 퀸 마샤 P 존슨〉

The Death and Life of Marsha P. Johnson, 2017.

데이비드 프랜스 감독, 다큐멘터리, 미국, 105분.

1970년대 미국의 게이 해방 운동을 이끌었으며, 뉴욕의 유색 인종 트랜스젠더 운동의 시작이라 불릴 만한 STAR Street Transvestite Action Revolutionaries를 조직한 활동가 마샤 존슨의 삶과 죽음을 추적한 다큐멘터리. 1992년 자살로 기록된 마샤 존슨의 의문스러운 죽음에 대한 진실을, 은퇴를 앞둔 범죄 피해자 지원자 빅토리아 크루

즈가 현재 시점에서 추적하는 스토리이다.

〈디스클로저〉

Disclosure, 2020.

샘 페더 감독, 다큐멘터리, 미국, 108분.

현재 미국의 다양한 분야에서 활동하고 있는 트랜스젠더들과 인터뷰하며 그들이 감내하고 있는 차별과 처한 현실에 관해 이야기한다. 이들의 이야기를 통해 지금까지 미디어가 트랜스젠더들을 얼마나 왜곡되게 표현해왔는지 알아볼 수 있다.

〈트랜스아메리카〉

Transamerica, 2006.

던컨 터커 감독, 코미디, 미국, 103분.

트랜스젠더인 브리가 성확정 수술을 일주일 앞두고 그 존재조차 몰랐던 아들을 만나면서 영화가 시작된다. 대학시절 여자 친구와의 사이에 자신도 몰랐던 아들이 있었던 것. 트랜스젠더 아버지와 문제아 아들의 처지를 때로는 진지하게, 때로는 유머러스하게 다루고 있다.

부록

성소수자 관련 용어

성적지향

Sexual orientation

개인이 성적 또는 정서적으로 어떠한 성별정체성의 상대에게 끌리는지를 나타내는 용어이다. 자신의 성별과 끌림을 느끼는 상대방의 성별에 따라 이성애, 동성애, 양성애, 범성애 등으로 나눌 수 있고, 성적인 끌림을 느끼지 않는 경우는 무성애라 한다.

성별정체성

Gender identity

자신의 성별에 대한 내적인 감각을 뜻한다. 대개 사회적 규범에서는 성별을 여/남의 이분법적으로 구분하지만, 실제 이를 벗어난 다양한 성별정체성이 존재한다. 또한 출생 시 지정받은 성별과 성별정체성은 서로 일치할 수도 있고, 불일치할 수도 있다.

지정성별

Assigned sex / Designated sex / Sex assigned at birth

출생 혹은 최초 법적 인적사항 등록 시에 성기 모양이나 형태를 기준으로 사회로부터 지정받은 성별을 뜻한다. '출생 시 법적 성별'과 거의 같은 개념이며, 성별을 1 또는 2, 3 또는 4로 구분하는 주민등록제도가 이에 해당한다. 트랜스젠더, 젠더퀴어, 간성 등의 경우, 본인이 정체화하는 성별정체성과 지정성별이 일치하지 않을 수 있다.

성소수자
Sexual minority

사회에서 다수를 차지하는 성적지향 또는 성별정체성을 가진 사람들(주로 이성애자, 시스젠더)과 구별되는 성적지향이나 성별정체성을 가진 사람, 또는 그런 집단을 뜻한다.

퀴어
Queer

통상적인 젠더 규범에서 벗어난 성정체성을 가진 사람들을 가리키는 포괄적 용어이다. 과거에는 성소수자를 비하하는 용어로 쓰였으나, 현재는 성소수자들을 중심으로 그들 자신과 커뮤니티를 가리키는 말로 쓰이고 있다. 어떤 이들은 저항의 맥락에서, 어떤 이들은 성소수자 커뮤니티 전체를 포괄할 수 있는 단어이기 때문에, 어떤 이들은 그들 자신의 좀 더 유동적인 정체성을 표현하기에 적합해서 이 단어를 좋아한다.

LGBT

레즈비언Lesbian, 게이Gay, 바이섹슈얼Bisexual, 트랜스젠더 Transgender의 머리글자를 따서 만든 말. 퀴어Queer나 퀘스처 닝Questioning, 에이섹슈얼Asexual과 인터섹스 Intersex 등 더 욱 다양한 정체성을 포괄하기 위해 'LGBTAIQ', 'LGBTAIQ+'로 쓰기도 한다.

레즈비언
Lesbian

여성 동성애자. 여성에게 감정적, 성적 끌림을 느끼는 여성을 뜻 한다.

게이
Gay

남성 동성애자. 남성에게 감정적, 성적 끌림을 느끼는 남성을 뜻 한다.

양성애자
Bisexual

바이섹슈얼. 줄여서 '바이'라고도 한다. 자신과 같거나 다른 성별 모두에게 감정적, 성적 끌림을 느끼는 사람. 끌림을 느끼는 대상이 여성일 수도, 남성일 수도 있다.

무성애자

Asexual

에이섹슈얼. 어떤 상대에게도 성적인 끌림을 느끼지 않는 사람. 성적 끌림은 느끼지 않더라도 감정적 끌림은 느낄 수도 있고 느끼지 않을 수도 있다.

트랜스젠더

Transgender

출생 시 지정성별과 스스로 인식하고 정체화하며 표현하는 성별이 일치하지 않는 사람을 가리키는 포괄적인 용어이다. 지정성별과 성별정체성이 일치하는 이들은 시스젠더Cisgender라고 부른다.

트랜스젠더가 신체적으로 드러나는 성별(성기, 2차성징 등)이나 지정성별에 맞게 사회적으로 수행하도록 요구받는 성별표현, 역할 등과, 본인이 인식하고 정체화하는 성별이 불일치하다고 느끼는 것을 성별위화감(성별불일치감)이라고 한다. 성별위화감은 트랜스젠더마다 느끼는 정도가 다르며, 그로 인한 고통 또한 개인마다 차이가 있다. 이를 해소하기 위한 의학적 조치로는 호르몬 치료와 성확정 관련 외과적 수술 등이 있다. 이러한 조치 또한 개개인이 느끼고 정체화하는 것에 따라 필요로 할 수도 있고, 그렇지 않을 수도 있다.

트랜스젠더 남성

Transgender man / 트랜스남성 / FTM 트랜스젠더

태어나면서 여성으로 지정되었으나 스스로 남성으로 인식하는 사람. 즉 지정성별은 여성이지만 성별정체성은 남성인 사람을 뜻한다.

'FTM' Female to Male이라는 용어는 '여성에서 남성으로', 즉 과거에 여성이었다가 지금은 남성이 되었다는 뉘앙스를 줄 수 있어 최근에는 사용하지 않는 추세이다. 다만 예외적으로 신체적·의료적 차원에서는 호르몬 및 수술 과정에서의 성별 구분을 고려하여 사용되기도 한다. 이는 MTF Male to Female도 마찬가지이다.

트랜스젠더 여성

Transgender woman / 트랜스여성 / MTF 트랜스젠더

태어나면서 남성으로 지정되었으나 스스로 여성으로 인식하는 사람. 즉 지정성별은 남성이지만 성별정체성은 여성인 사람을 뜻한다.

논바이너리

Non-binary

여성/남성과 같은 이분법적인 성별로 자신을 인식하지 않는 사람. '여성'과 '남성'이라는 성별이분법적인 사고에서 벗어나, 두 성별에 국한되지 않고 자신을 정체화하는 사람을 말한다.

젠더퀴어

Genderqueer

이분법적인 성별 구분과 시스젠더의 규범성으로부터 벗어난 성별정체성, 혹은 자신을 그렇게 정체화하는 사람을 뜻한다. 논바이너리와 뜻은 거의 비슷하다. 또한 에이젠더Agender, 젠더플루이드Genderfluid, 안드로진Androgyne, 뉴트로이스Neutrois 등 성별이분법에 속하지 않는 정체성을 포괄하는 용어로도 쓰인다.

인터섹스

Intersex

간성. 생식기나 염색체, 성호르몬과 같은 생물학적 특징이 여성/남성이라는 이분법적 성별에 해당하지 않는 사람을 뜻한다.

성별위화감

Gender dysphoria

'성별불일치감'이라고도 한다. 지정성별과 성별정체성이 일치하지 않음에 따라, 트랜스젠더 당사자가 겪는 불쾌감 또는 위화감을 뜻한다.

성별표현

Gender expression

외모나 옷차림, 목소리와 말투, 행동 등을 통해 개인이 드러내는 성별의 표현. 스스로 남성이라고 인식하지만 긴 머리에 치마를 입거나, 스스로 여성이라고 인식하지만 짧은 머리에 바지를 입는 것처럼, 성별표현이 반드시 성별정체성과 일치하지는 않는다. 개개인의 성별표현은 사회적으로 요구되고 기대되는 젠더 규범에 불화할 수도 있고 일치할 수도 있다.

트랜지션

Transition

'다른 상태·조건으로의 이행'이라는 의미로, 성소수자와 연관되어 사용될 때에는, 트랜스젠더가 지정성별로 젠더화된 기존의 외모, 신체 특징, 성 역할 등을 자신의 성별정체성에 맞도록 변화시키는 과정을 뜻한다. 복장 등의 성별표현, 성 역할, 개명이나 법적 성별정정 등의 제도적 정정, 그리고 의료적 조치를 모두 포괄한다. 트랜지션 이행 과정과 그 형태는 개인마다 다르다.

성확정 수술

Gender-affirming surgery / Sex reassignment surgery

'성전환 수술'이라고 익히 알려져 있다. 생식능력 제거 및 외부 성기 형성을 통해 신체 특징을 지정성별과 다른, 본인이 정체화하는 성별의 형태로 변화시키는 외과 수술들을 말한다. 성확정 수술은 특히 트랜스젠더 중에도 지정성별 신체에 대한 성별위화감이 심한 경우에 필요하다. 성별위화감은 사람에 따라 성별 표현, 호르몬 치료만으로 어느 정도 해소되는 경우도 있다. 개개인마다 느끼고 인지하는 성별정체성, 성별위화감은 모두 다르기 때문에, 성확정 수술은 모든 트랜스젠더에게 필수적이지 않다. 달리 말하면, 모든 트랜스젠더가 성확정 수술을 필요로 하지는 않는다.

성소수자 관련 인권단체 및 상담소

인권단체

다양성을 향한 지속가능한 움직임 '다움'

홈페이지 ⋯ dawoom-t4c.org

이메일 ⋯ dawoom@dawoom-t4c.org

무지개예수

홈페이지 ⋯ rainbowyesu.org

이메일 ⋯ rainbowyesu@gmail.com

비온뒤무지개재단

홈페이지 ⋯ rainbowfoundation.co.kr

이메일 ⋯ rainbowfoundation.co.kr@gmail.com

전화 ⋯ 02-322-9374

성별이분법에 저항하는 사람들의 모임 '여행자'

홈페이지 ⋯ blog.naver.com/gender_voyager

이메일 ⋯ gender_voyager@naver.com

성소수자부모모임

홈페이지 ⋯ pflagkorea.org

이메일 ⋯ rainbowmamapapa@gmail.com

전화 ⋯ 02-714-9552

성소수자차별반대 무지개행동

홈페이지 ⋯ lgbtqact.org

이메일 ⋯ lgbtqact@gmail.com

언니네트워크

홈페이지 ⋯ unninetwork.net

이메일 ⋯ unni@unninetwork.net

전화 ⋯ 02-3141-9069

청소년 트랜스젠더 인권모임 '튤립연대'

블로그 ⋯ https://blog.naver.com/youthtranskor

이메일 ⋯ youthtranskor@gmail.com

트랜스젠더 인권단체 '조각보'

홈페이지 ··· transgender.or.kr

이메일 ··· tgjogakbo@naver.com

트랜스해방전선

트위터 ··· @freetransright

이메일 ··· Freetrans1225@gmail.com

한국게이인권운동단체 '친구사이'

홈페이지 ··· chingusai.net

이메일 ··· contact@chingusai.net

전화 ··· 02-745-7942

한국농인 LGBT

홈페이지 ··· deafqueerkor.org

이메일 ··· K.Deaf.LGBT@gmail.com

한국레즈비언상담소

홈페이지 ··· lsangdam.org

이메일 ··· lsangdam@hanmail.net

한국성적소수자문화인권센터

홈페이지 ⋯ kscrc.org

이메일 ⋯ kscrcmember@naver.com

전화 ⋯ 02-743-8081

한국청소년·청년감염인커뮤니티 '알'

홈페이지 ⋯ communityr.org

이메일 ⋯ r.ypcok@gmail.com

전화 ⋯ 010-2164-1201

행동하는성소수자인권연대

홈페이지 ⋯ lgbtpride.or.kr

이메일 ⋯ lgbtaction@gmail.com

전화 ⋯ 02-715-9984

상담소

군 관련 성소수자 인권 침해·차별 신고 및 지원을 위한 네트워크

홈페이지 ··· gunivan.net

이메일 ··· gunseongnet@gmail.com

성소수자 HIV/AIDS 예방센터 '아이샵' (iSHAP)

홈페이지 ··· ishap.org

전화 ··· 02-792-0083

성소수자와 함께하는 상담사 모임 '다다름'

인스타그램 ··· instagram.com/ally_counselors

이메일 ··· allly.counselors2021@gmail.com

성소수자자살예방프로젝트 '마음연결'

홈페이지 ··· chingusai.net/connect

이메일 ··· connect@chingusai.net

전화 ··· 02-6953-7941

아하!서울시립청소년성문화센터

홈페이지 ⋯ ahacenter.kr

이메일 ⋯ aha@ahacenter.kr

전화 ⋯ 02-2676-1318

청소년 성소수자 지원센터 띵동

홈페이지 ⋯ ddingdong.kr

이메일 ⋯ LGBTQ@ddingdong.kr

전화 ⋯ 02-924-1227

카카오톡 아이디 ⋯ '띵동 119'

퀴어노동법률지원네트워크 '퀴어동네'

홈페이지 ⋯ queerdong.net

이메일 ⋯ QQdongne@gmail.com

트라우마치유센터 사회적협동조합 '사람마음'

홈페이지 ⋯ traumahealingcenter.org

전화 ⋯ 02-747-1210

참고 문헌

- 김순남, 『가족을 구성할 권리』, 오월의봄, 2022.

- 박경미, 『성서, 퀴어를 옹호하다』, 한티재, 2020.

- 성소수자부모모임, 『커밍아웃 스토리』, 한티재, 2018.

- 잭 로저스, 『예수, 성경, 동성애』, 조경희 옮김, 한국기독교연구소, 2015.

- 지니 게인스버그, 『성소수자 지지자를 위한 동료 시민 안내서』, 허원 옮김, 현암사, 2022.

- 애슐리 마델, 『LGBT+ 첫걸음』, 팀 이르다 옮김, 봄알람, 2017.

- 한국성소수자연구회, 『무지개는 더 많은 빛깔을 원한다』, 창비, 2019.

- 한국성소수자의료연구회 기획, 『차별 없는 병원』, 휴머니스트, 2022.

- 희정, 『퀴어는 당신 옆에서 일하고 있다』, 오월의봄, 2019.

- SOGI법정책연구회, 「성소수자 친화적 직장을 만들기 위한 다양성 가이드라인」, 2018.

- SOGI법정책연구회, 「한국 LGBTI 인권현황 2019」, 2020.

- SOGI법정책연구회, 「한국 LGBTI 인권현황 2020/2021」, 2021.

- 다움, 「나 같은 사람이 혼자가 아니구나 – 2021 청년 성소수자 사회적 욕구 및 실태 조사 결과보고서」, 2022.

- 박한희, 「트랜스젠더의 법적 성별정정제도에 대한 입법적 제안」, 『인권과정의』 Vol. 498, 2021, 6.

- 성소수자부모모임, 「트랜스젠더 성확정 수술을 위한 의료정보 가이드북」, 2021.

- 장서연, 김정혜, 김현경, 나영정, 정현희, 류민희, 조혜인, 한가람, 박한희, 「성적지향·성별정체성에 따른 차별 실태조사」, 2014. 국가인권위원회 연구용역 보고서.

- 청소년성소수자위기지원센터 띵동, 「HIV/AIDS 궁금증을 해결해 줄 해답의 열쇠 ver.2」, 2021.

- 청소년성소수자위기지원센터 띵동, 「학교에서 무지개길 찾기」, 2018.

- 홍성수, 강민형, 김승섭, 박한희, 이승현, 이혜민, 이호림, 전수윤, 김란영, 문유진, 엄윤정, 주승섭, 「트랜스젠더 혐오차별 실태조사」, 국가인권위원회 연구용역 보고서, 2020.

- 대법원, '성전환자의 성별정정허가신청사건 등 사무처리지침', 개정 2020. 2. 21., [가족관계등록예규 제550호, 시행 2020. 3. 16.].

Isle of Tears

Isle of Wrath

N

Isle of Solidarity

Ma

f Hugs!

Isle of Solitude

WELCOME
TO RAINBOW

웰컴 투 레인보우

초판 1쇄 발행 2023년 5월 29일

지은이 성소수자부모모임
펴낸이 오은지
편집 오은지 변우빈
일러스트 윤예지
디자인 김은영

펴낸곳 도서출판 한티재
등록 2010년 4월 12일 제2010-000010호
주소 42087 대구시 수성구 달구벌대로 492길 15   전화 053-743-8368
팩스 053-743-8367   전자우편 hantibooks@gmail.com
블로그 blog.naver.com/hanti_books
한티재 온라인 책창고 hantijae-bookstore.com